JN045290

日本の偉人物語❺

中江藤樹 高杉晋作 明治天皇

岡田幹彦

光明思想社

はじめに

『日本の偉人物語5』は、中江藤樹・高杉晋作・明治天皇をとりあげた。

中江藤樹は昭和二十年頃までは「近江聖人」として誰一人知らぬ人はなかったが、現在ではよく知る人はそういない。わが国は外から仏教とともに儒教をとりいれたが、仏教、儒教はわが国本来の教え・日本人の生き方・信仰・宗教というべき神道と融け合い一体化、日本化し、日本人に大きな影響、感化を与えた。

儒教は江戸時代に盛んになるが、この儒教を日本化した第一人者が中江藤樹である。藤樹は儒教が単に倫理道徳を教えるだけのものではなく、その本質が神を信仰する宗教そのものであり、わが国の神道と合致するとし、天皇の皇祖皇宗に対する祭祀は、儒教の根本たる「孝」「孝徳」そのものの「大孝」であることを明らかにした古今独歩の儒学者であり、その人格の高さは類いなきものであった。

高杉晋作は明治維新の志士として誰一人知らぬ人はなかろう。当時の人々は明治維新の真の三傑として西郷隆盛のほか高杉と坂本 龍馬をあげている。高杉は唯一の恩師吉田松陰、盟友久坂玄瑞・入江杉蔵らの死後、下関の功山寺で立ち上がり俗論党政府を打ち倒した後、四境戦争において長州軍の事実上の総帥として幕府諸藩の連合軍を打ち破る奇蹟的勝利を遂げ、全心身を燃焼し血を吐いて亡くなった。壮絶な戦死であった。明治維新において最も尽力し多くの尊い殉国の人々を出したのは薩摩と長州の二藩だが、長州の経た苦難は薩摩を上回る。吉田松陰の刑死に始まり長州は七たび八たびの艱難辛苦と挫折を経験したがそれに耐え抜き、最後に高杉の決死の功山寺挙兵が行われたのであった。薩摩では西郷、長州では高杉が辛うじて生き残ったことが、薩摩と長州が明治維新成就の中核推進力となり得た要因である。長州の尊皇攘夷倒幕運動は吉田松陰・久坂玄瑞・高杉晋作の三英傑が身命を捧げ尽した偉業であった。

今日、世界で最も敬愛されている国は日本である。その大きな理由は、近代日本の世界的貢献にあり、その三つの柱が明治維新・日露戦争・大東亜戦争である。この三つの歴史においてわが国は非西洋諸国中ただ一国、明治維新による新生を遂げ植民地化を阻止し独立を堅持するのみならず、日露戦争において世界一の陸

はじめに

軍国ロシアを打ち破り、非西洋諸国に民族独立の希望と勇気を与え、大東亜戦争においては自国の敗戦という大犠牲を払って欧米数百年間の植民地支配を打破しついにこれを終焉させ非西洋諸国の独立を導くとともに、ここに人類史上初めて人種平等の世界を打ち樹てる大偉業を成し遂げた。

その出発点こそ明治維新である。それは非西洋唯一の例外、世界史の奇蹟中の奇蹟であったが、なにゆえそれは可能であったか。一言をもってするならわが国に天皇が存在したからである。皇室が存在することが危機・国難を克服しうる唯一の道である。国家国民を一つにまとめ上げ団結せしめる天皇・皇室の存在の重大さは計り知れない。それをまざまざと指し示すのが明治天皇のご治政にほかならなかった。

本書出版にあたってご尽力頂いた光明思想社社長白水春人氏並びに中村龍雄氏に深く謝意を捧げる。

令和二年三月

岡田幹彦

日本の偉人物語 5

中江藤樹　高杉晋作　明治天皇

目次

はじめに

第一話　中江藤樹――日本的儒教をうち立てた第一人者

1、十一歳の感激と立志
わが国の最も優れた道徳的偉人の一人　3
立志――『大学』の一句に感激　5
生涯師なく独学――『大学大全』の百遍読書　7
同志との切磋琢磨　11
母を慕って帰郷――藤樹の陰にはいつも母と「孝」があった　12

2、わが国を代表する類稀な教育者
学問の深化と人々への教化　15
大野了佐への情愛　20
正直な馬子――人の道を正しく踏んだ一手本　24
妻久子の内助　27

3、儒教の本質を明らかにした古今随一の儒学者——神を信仰する儒教の教え

藤樹が見い出した本当の儒教　29
「孝」が教えの中心——儒教は神を信仰する宗教　32
「明徳」とは何か——「孝徳即明徳即良知」　36
真の儒教は日本に生き残った　41
日本国体は「孝徳」の顕現　44

4．慎み・謙譲の徳に生きた高貴なる生涯

「謙徳」の尊重　49
女性への教育——胎教の大切さ　53
高潔無比の人格・風格　57
江戸期最高の道徳的偉人　59

第二話　高杉晋作――明治維新を導いた長州の大守護神

1、吉田松陰と高杉晋作――生涯を決した恩師との出会い

維新の「真の三傑」　67

鼻輪のつけられぬ暴れ牛　70

吉田松陰の絶大な感化　72

松陰との二年間の心交　77

死をもって志を伝えた松陰と高杉らの誓い　81

2、長州藩の「破約攘夷」運動

『ペルリ提督日本遠征記』に憤激――「破約攘夷」の決意　85

上海での衝撃――シナの植民地化に震撼　90

「破約攘夷」の藩是と攘夷戦争　95

奇兵隊の結成　101

3、長州を立直した高杉の獅子奮迅
松陰の志を継ぎ倒幕に立ち上がる松下村塾党 104
禁門の変――血盟の友、久坂・入江らの戦死 108
四国艦隊との講和談判――彦島租借要求を断固阻止 112
日本の運命を決した功山寺挙兵――高杉の大胆勇・大決断 116
俗論党政府打倒 123
4、心身を燃やし尽した長州の大守護神――維新の礎となった四境戦争の勝利
倒幕へ――挙藩一致の決戦体制 126
四境戦争――幕府はなぜ長州再征の愚挙に走ったか 130
勝利を導いた高杉――倒幕体制の確立 135
高杉の生涯を貫いた精神――一世を圧した高杉の大気魄 141

第三話　明治天皇――明治天皇なくして近代日本の新生と興隆なし

1、なぜ日本だけが立ち上がり新生できたのか

世界史の例外――近代日本の躍進　149

天皇を仰ぎ戴いての日本の新生――王政復古の大号令と五箇条の御誓文　153

「億兆安撫の宸翰」――明治天皇の深いご決意　157

天皇ご輔導に尽した人々の至誠　159

君民一体の情義――全国御巡幸　162

兵士の弁当箱　167

2、日露戦争――明治の一大国難

明治日本の誇り――世界最強の陸海軍　170

広島大本営の明治天皇　174

対露開戦――亡国の恐れに懊悩された天皇　178
将兵・国民・戦死者への至情　182
乃木・東郷へのご信任　190

3、教育勅語――日本人の生き方の根本

欧化主義の全盛と鹿鳴館――明治前期の教育の混迷　195
天皇の憂慮――忠孝・仁義の道徳を教えなかった学校教育　198
教育勅語の発布　202
教育の目的――自国の歴史・伝統に誇りを持つ国民を作ること　207
真の日本人の生き方を示す国民道徳　210

4、「国安かれ民安かれ」の祭祀と言の葉のまことの道

清き明き直き誠の心・大和魂　215
敬神崇祖の祭祀・「国安かれ民安かれ」の祈り　219
古今の忠臣・靖国の英霊への至情　226
人間と自然の一体・生きとし生けるものへの共感　231

父君孝明天皇への敬慕　234
言の葉のまことの道――生涯のご修業　237
国民すべての親として　241
天下無二・世界唯一の奇蹟　246

※カバー写真所蔵　公益財団法人　藤樹書院　国立国会図書館　明治神宮

第一話

中江藤樹（なかえとうじゅ）

——日本的儒教（じゅきょう）をうち立てた第一人者

中江藤樹

慶長 13 年(1608) ～慶安元年(1648)
近江国(滋賀県)出身の江戸時代初期の儒学者。近江聖人と称えられた。(肖像画・藤樹書院所蔵)

1、十一歳の感激と立志

わが国の最も優れた道徳的偉人の一人

江戸時代、わが国には幾多の偉人が生まれた。中でも『日本の偉人物語』(1~4巻)でのべた二宮尊徳・上杉鷹山・伊能忠敬・塙保己一は日本の誇るべき世界的偉人だが、この四人に並ぶもう一人の人物が中江藤樹である。内村鑑三はその著書において、「代表的日本人」の一人として藤樹を欧米人に紹介したことはよく知られている。

中江藤樹の人格の高さは藤樹に直接、触れた人でなければわかりにくかったであろう。わが国の歴史において最も徳高き玲瓏玉の如き(玉のように美しく透き通り光り輝くこと)高潔な人格の持主の一人であり、後に「近江聖人」とまで讃えられた。シナから儒教が伝わり、儒教ではシナ古代の幾人かを孔子を含めて「聖人」とよんだ。日本の儒学者たちはシナを崇拝するシナかぶれが多かったから、日本には孔子のような聖人はいないと卑下(いやしむこと)した。そうした中にあって、藤樹一人だけ聖人とよばれたのは、その人格の輝きが稀有だったからである。

藤樹は農村で道を説く一教師として静かに世を送った。その名がいたずらに世間に知られることを最も憚り恐れた。高慢な傲れる心を卑しみ、慎みと謙譲の徳を最も尊び、生涯熱烈に道を求めて努力の限りを尽した。その感化は期せずして遠近にそして後世に及んだ。わが国が生んだ最も優れた道徳的偉人かつ教育者の一人であり、その人格・風格は上杉鷹山、二宮尊徳、西郷隆盛、吉田松陰によく似ている。

立志――『大学』の一句に感激

中江藤樹は慶長十三年（一六〇八）三月七日、近江国高島郡上小川村（滋賀県高島市安曇川町小川）に生まれた。父の吉次は農民である。しかし武士であった祖父吉長に請われて、九歳の時に養子になり米子に行った。吉長は米子藩六万石加藤家に仕える百石の藩士であり、戦国期、数々の戦闘を経験した武勇の士であった。その翌年、藩主は転封となり伊予の大洲に移った。以後十歳から二十七歳まで藤樹はここで武

大洲城（愛媛県大洲市）

白鬚神社（滋賀県高島市／湖中の大鳥居）

士として成長するのである。

祖父の吉長は孫の藤樹が人柄、才能ともにとび抜けてすぐれていたから深く将来を期待して、文武両道の教育を授けることに心を砕いた。藤樹は良き祖父と祖母の温かい庇護のもと勉学に励んだ。天性の聡明さと記憶力をもつ藤樹の学問は日進月歩であったから、祖父にとり藤樹は自慢の種であった。また武道も怠らなかった。後世の人々の藤樹に対する印象と異なり、少年時から全く恐れを知らぬ豪胆剛毅（勇気があり意志が強いこと）の不屈の武士であった。

藤樹は十一歳のとき初めて『大学』（儒教の経典・四書〈他に『論語』『中庸』『孟子』〉の一つ）を読んだが、その一節「天子（皇帝）より以て庶人（庶民）に至るまで壹是に（一切、なべて）皆身を修めるを以て本となす」に涙を流して深く感激した。『日本の偉人物語1』の二宮尊徳と全く同じであった。藤樹はこのとき「真の人間（聖人）とならんとの志」を立て、以後三十年間にわたり熱烈無比としか言いようのない好学求道の実践を倦むことなく続けるのである。藤樹は四十一歳で人生を終えたが、その中身の充実は年齢に倍していた。また十二歳の時、食膳に向ってしみじみこう思った。

「この食はこれ誰が恩ぞや。一には父母の恩、二つに祖父の恩、三つには君(主君)の恩、これからは常にこの恩を思って忘るべからざることを誓う」

恩を知ることこそ人間にとって最も大切な心である。恩の字は、因と心から成る。つまり恩とは因を知る心である。自己の因は父母であり祖父母である。ずっと先をたどると祖先である。そうして人間、万物を生み育てる因は天地であり、天地の因は宗教的にいえば神仏である。十二歳にして藤樹はこのような知恩・感恩の心情を持っていたのだから、並の少年ではなかった。知性、知識による理解ではなく、自己の内なる霊性、神性のささやきに導かれた直観的自覚であった。

生涯師なく独学――『大学大全』の百遍読書

藤樹は主として四書五経(五経＝『易経』『書経』『詩経』『礼記』『春秋』)や『孝

経』などの儒教の学問を生涯師につくことなく独学した。十七歳の時、『四書大全』（四書の註釈書の集成）を入手した。まず『大学大全』から始めたが繰返し百遍読んだ。すさまじい努力だが、その結果、『大学』の説くところを深く理解した。続いて残り三つをまた繰返し熟読したがすっかり理解した。天性の聡明さにこの並はずれた努力が伴ったから、二十歳頃までに四書五経を学び終えていた。

藤樹は文の道だけではなく、武の道においても決して人後に落ちなかった。十三歳の出来事である。祖父は藩の飛地（大洲から少し遠くにある藩領）の代官をしていたが、その命令に服さず反抗する賊徒が祖父の屋敷を襲撃したことがあった。その時、祖父は藤樹に彼らに対して戦うべきことを命じた。賊徒はいつ襲ってくるかわからない。そこで藤樹は幾日も毎夜三たび屋敷の周囲を巡り警戒を怠らなかった。藤樹は少しも恐れる色なく、賊来たらば打ち果さんとの覚悟が面上にあふれていたという。

年少にしてかくも文武両道に通じていたからその手腕を認められて、十九歳の時、郡奉行の要職についている。郡奉行というのは、藩における農業、農村の責任者でよほどの才腕と経験なくしてはつとまらず、普通十九歳の若者の出来る仕事ではなかったが立派にやり遂げた。藤樹は二十七歳のとき脱藩するが、藩がなかなかそれを許さなかったのは、それだけ藤樹の人物、手腕が高く評価されていたからである。もしそのまま残っていたならば藩主の信頼厚き腹心、重臣となっていたであろう。

藤樹は誰よりも気高い人格、品性の持主であった。藤樹の著しい性格の一つは、反省心の強さである。もし自分に何かの過ちがあったときそれを深く反省、懺悔し、そのことにつきいつまでも忘れずに向上の糧とした。高徳の人物に共通するのが、この深い反省心である。普通の人なら気づかず見すごしてしまうようなささいな過失につき、いたく自己を責めるのである。それは自己の道徳心が高いから、少しでもそこから逸脱することがあれば、「真の人間」の道にはずれるとして、自分を厳しく批判するのである。

たとえて言えば、一面の真白な雪に一点の黒い泥がおかれたとすると、その黒の一点はいやでも目につく。高徳な人の心はいわば純白の雪である。それゆえそこに一点の黒いしみ、けがれがあると心にかかってしようがなく自己を責めるのである。一方、心が清らかでなく濁っている人は、色でいうと灰色か黒色だから、そこに黒いしみがついても全く気にしない、反省しないということになる。このように藤樹には誰から教えられたわけでもないのに、道を求めてやまぬ天性の美質があったのである。全く二宮尊徳と似通っている。というより後から生まれた尊徳が藤樹に似ていたというべきか。江戸時代、最高の道徳家の好一対(素晴らしい一組)である。藤樹は十一歳のときに立てた志を一生貫いたが、次の歌を詠んでいる。

志　つよく引き立て　励むべし
石に立つ矢の　ためし聞くにも

※志を強く立てて励むべきである。昔、弓を強く引きしぼって放った矢が石を突き刺したという話があったではないか。志を立てることが何より大切であるということ。

同志との切磋琢磨

人格、学問ともに抜群であり才幹（才能、手腕）も豊かで若くして郡奉行の要職をつとめる藤樹に、他の藩士が磁石に引きつけられるように慕い寄ったのは自然のなりゆきである。ほぼ同年輩の若い藩士たちが教えを請い、藤樹は数人の人々に『大学』を講じた。これが二十歳の時である。あくまで謙虚な藤樹は、師として臨むのではなく同志として彼らと切磋琢磨（人格を磨くこと）し合った。

当時なお戦国の余風が残っており武士は武勇一点張りであり、学問をするのは「文弱」とする風潮が全国に漲っていた時期である。それゆえ藤樹とともに学ぶ者は最初ごく少数であり、白い目を向ける者が多かった。あるとき藤樹が友人の屋敷に行くと、そこにいた一人が「孔子殿きたりたまう」といった。言外に藤樹が同志と儒教を学んでいることをからかったのである。すると藤樹は黙っていず、その人にこう言い返した。

「文を学ぶは士の道である。汝のごときの文盲（無学なこと）なるはこれ奴僕（召使のこと）なり」

後年、藤樹は温厚円満そのものの人格となるが、二十二歳のこの時こうした剛毅さ、鋭気（鋭い気象）があった。「真の人間たらん」として文武両道に心血を注ぐ藤樹にとり、一藩士の嘲笑は許しがたく武士の風上におけぬと思ったのである。「何だと今一度言ってみろ、ただではすまぬぞ」と言わねばかりの藤樹の気魄にその藩士は陳謝した。道を求めてやまない純粋な若い時代、むしろこの圭角（言語動作が角立ち和合を欠くこと）があって当然である。道に立って生きる真剣さに欠け、周囲と事荒立てずに八方美人的に迎合してうまく立ち回る人間となってはならないからである。藤樹には戦国武士であった祖父の血が濃厚だったのである。藤樹は祖父似であった。

母を慕って帰郷——藤樹の陰にはいつも母と「孝」があった

藤樹は十四歳のとき祖母（六十三歳）、十五歳のとき祖父吉長（七十五歳）を失った。祖父母には養父養母として深い恩愛を受けたから哀しみは深かった。続いて十八歳のとき父吉次（五十二歳）が亡くなった。以後、母の市は故郷で一人で暮らした。藤樹には妹が一人いたがすでに嫁いでいた。

親思いの藤樹は二十二歳と二十五歳のとき帰郷し母を見舞った。そのとき、母にぜひ大洲に来て下さいと切願した。しかし母は見知らぬ遠い大洲の地でしかも武士の母として窮屈な生活をするのは耐えられない、この地で一生を終えたいと言ってやまなかった。もっともな言分であった。

藤樹は嘆きかつ悩んだ。親の恩を深く知る至孝（親を敬愛し深く孝行すること）の人である藤樹は、年老いた母を一人故郷に残すことにとうてい耐えることが出来ず、ついに一大決心をし藩士をやめて帰郷することにした。そこで藩にその理由を記して嘆願書を出した。ところが藩は藤樹の人物・才幹を惜しみ、いつまでたっても許可しなかった。

そこで藤樹は無断で脱藩したのである。江戸時代、藩士が許可なく脱藩することは重罪であり、普通は死刑に処せられる。ところが藩は藤樹の脱藩を少しも処罰せずに黙認するのである。藤樹のただひとすぢに母を思ってのやむにやまれぬ行為であることを、藩主ら首脳が同情をもって理解したため、無事帰郷できたのは幸いであった。

藤樹の陰にはいつも母があり、「孝」があったのである。帰郷後、藤樹の学問は一層進み、やがて独特の藤樹学を打ち立てるが、それは「孝」の学問、「孝」の道徳学であった。

藤樹は酒の小売りとささやかな金融業（利息はごくわずか）をなりわいとして母に孝養を尽した。つつましい生活だったが、母と暮らすことができたこの十四年間は、藤樹にとり真に至福そのものであったのである。母親の悦びがいかに深かったかは言うまでもない。

2、わが国を代表する類稀(たぐいまれ)な教育者

学問の深化と人々への教化

故郷に帰り日々母とともにすごした藤樹は心からの安らぎを得て、大洲(おおず)時代に倍して学問、修養に打ち込んだ。

藤樹の稀有(けう)の人格と学問はこの地においても自(おのず)から光を発し、藤樹を慕って学びにくる人々が徐々(じょじょ)に増えていった。遠くの大洲(おおず)藩からもやってきた。かつて藤樹から学んだ藩士たちはこの師を忘れることはなかった。大洲での感化(かんか)がいかに

大きかったかがわかる。

藤樹の教えを受けた少くない門人の中で双璧（二つの光り輝く玉）といわれたのが、熊沢蕃山と淵岡山である。蕃山は後述する「正直馬子」の話を伝え聞き深く感銘、師とすべき人物は藤樹以外になしとして入門した。蕃山は二十三歳から二十四歳にかけてわずか八ヵ月間だったが真剣に学んだ。やがて備前岡山藩主池田光政の深い信頼を受けて藩政の中心に立ち歴史に残る貢献をした。江戸時代における代表的な政治家の一人として今なおその名は高い。

淵岡山は仙台出身の武士で藤樹が三十七歳のとき入門し、亡くなる時まで学んだ（入門時二十八歳）。藤樹歿後、京都に学び舎を設け師の教えを二十余国に広めた。門人は数百人に及んだが、「藤樹学」を後世に伝える上に最も貢献した門人であった。

藤樹に学んだのは武士が多かったが、藤樹は身分を一切問わず、道を求める者に対して誠意の限りを尽して教化を惜しまなかった。吉田松陰とよく似ている。藤樹はことに一般庶民に対する教育と善導を重視した。当時の人口の約九割は農工商の庶民である。藤樹は十一歳の時『大学』の一節「天子より以て庶人に至るまで壹是に皆身を修めるを以て本となす」に感動して志を立てたのであったから、庶民に対して誰よりも温かい目を注いだ教育者であったのである。

故郷に戻ってからの藤樹は商人であり庶民であった。藤樹は商いを通して日常、農民と隔てなく接した。片田舎で小商いをなりわいとするにはあまりにも勿体ない大学者であったが、藤樹はどんな人に対しても誠実で慈悲深く、謙虚と慎みを以て向い、尊大な（偉そうな）態度は少しもなく、諄々（ねんごろに説くこと）と人の守るべき道を説き、母に至れり尽せりの孝行をした。上小川村の人々はこのような藤樹を毎日のように見ていたのである。全く隠しだてのない生活である。村人が藤樹の人の道の話を聞く機会は段々増えていった。やがて村人はことごとく藤樹に感化されてゆくのである。

そうしてそれは近隣の村々に及んでゆく。藤樹は自宅に建てた学問所（藤樹書院とよばれた）で講義するのみならず、近くの村々からも要請されて出向いている。村々の庄屋（村長）が藤樹を招き、人々に話を聴かせたのである。藤樹は村民たちに教えをやさしく説いたが、主な点をあげるとこうだ。

(1)親には常に真心をもって仕えること。
(2)家の主人は大切にすること。
(3)人には思いやりと慈悲の心をもつこと。
(4)無理非道は行うべからず。
(5)人の物を取ってはならない。

江戸時代後半、藤樹について記した書物にはこうのべられている。

「藤樹の郷党(同郷の人々)の人々はことごとくその徳の香りに染みこんでいた。商売人といえども人としての道義を重んじた。街道筋の旅館や茶店のような商いにあって、お客の忘れていった品物があれば必ずそれを通りから見える店の棚に置いて、そしてその忘れていった人が再び取りにくるのを待った。何年も過ぎて忘れ物の上にはほこりや土がたまっていた。高価なキセル(煙草を吸う道具)などもついに収用(盗むこと)することはなかった」

藤樹は庶民たちに難解な話はしなかった。人の踏むべき道、守るべき道をやさしく簡明に説いた。それは誰もが言えそうなことであったが、藤樹の口から語られるとき威力を発揮し、近隣の人々は藤樹のこの上ない気高い人格に打たれその徳風（道徳心の高い風格）になびいていったのである。

　藤樹の人格がいかに高かったかにつき一つの逸話がある。大洲で郡奉行をしていたとき農民と接触することが多いが、農民たちが藤樹の前に出ると、決して嘘は言えなかったと伝えられている。藤樹の嘘偽りが微塵（ほんの少し）もないまことの人柄の前に出ると、藤樹の底知れぬ人格の力が農民に感通して、彼らもまた

住居跡・講堂跡の藤樹書院の外観

嘘偽りを言わなくなるのである。直に接した人でなければこうした藤樹のすごさはなかなかわからないことであろう。こうして藤樹の感化は近隣にあまねく及び高島郡内は稀に見る醇風美俗（人情の厚い美風・ならわし）に蔽われるのである。

中江藤樹は今日私たちが想像するよりも遙かに偉大な人物であったのである。

大野了佐への情愛

藤樹の教育において最も感動深い話が、一つが「正直馬子」、もう一つが大野了佐のことである。

大野了佐は大洲藩士、大野勝介（三百石の上士）の嫡子（長男）である。勝介と藤樹は日ごろ親しくしていた。勝介から見て、了佐はあまりにも愚鈍（愚かで鈍くのろまなこと）で跡を継がせることはとても出来ず、武士以外の仕事につかせるしかないと思った。湯屋の三助（浴場の背中流し）、下駄の歯入れなどしかつとまらないと嘆いていたところ、了佐は医者になりたいと言い出した。医者になれるくらい賢い頭があるなら、勝介の心配はいらない。了佐は藤樹に胸中を打ち明け、医術の教授を懇願したのである。了佐は藤樹より四つ年少であった。抜群の頭脳を持つ藤樹の学問的関心は深く広かったから、ある程度、医学にも通じていた。藤樹は了佐の痛々しい願いを聞き、父勝介の憂いを思い、了佐に憐みと同情を深く感じて彼の嘆願を快く引き受けるのである。

普通だったら父親がこれほど息子の愚鈍を嘆いているのだから、「医者になるのはむつかしいから何かほかの仕事を見つけなさい」と言うところであろう。とても教えてあげようという気などおきるはずもない。ところが藤樹は医学の専門家でもないのに承諾したのである。

藤樹は『医方大成論』というシナの医学書を使って教えた。まず読み方を教える。二、三句を教えるのに二百遍も繰り返した。午前十時から午後四時ごろまでかかって、了佐はそれをようやく記憶するのである。ところが夕食を終って再びそこを読ませるとすっかり忘れて読めない。もの覚えが全く苦手なのだ。この繰り返しが延々と続くのである。よくそれで医者になりたいと思ったものだ。この有様をみたら、誰もが教えることをあきらめるだろう。しかし藤樹は辛抱強く教えた。了佐も必死についてきた。そうして数年がかりでとうとう了佐に『医方大成論』を覚えこませたのである。これは医学の基礎勉強であった。

藤樹が帰郷した四年後の三十一歳のとき了佐が来訪、再び教えを受けた。このとき藤樹は自ら『捷径医筌（捷径＝近道、医筌＝医学の手引）』（全六冊＝六百頁）という医学書を書き著してこれを以て教えた。前後十年以上にわたり藤樹は了佐の為に誠意の限りを尽し精根（根気・気力・精力）を傾けたのである。その結果、了佐はついに医者になることが出来、地元で人々から慕われる良医として七十七歳の長命を保った。

この話は藤樹の人物を語って余りある。ただ一人のために誰がこのようなことを十年以上もできよう。誰がこのような誠意と愛情、熱と努力を注ぐことが出来よう。唯々頭が下がるしかない了佐への藤樹のこの上ない愛の行為である。藤樹はこうのべている。

「われ了佐においてほとんど精根をつくしおわれり」

そうして了佐の努力をこう讃えた。

「しかれども彼が努めなければ、私といえどもどうすることもできなかった。了佐は愚鈍ではあったが、努力の限りを尽したからついに一人前の立派な医者になることができた。諸子（門人たち）の天資（天から授けられた素質、才能）は了佐の比ではない。かりにも志さえあるならば、必ず所期の目的を達成できる。了佐にできたことが諸君にできない筈はない。学業の成否につき憂いたり心配することなしに、ただひたすら勉めなさい」

藤樹の教育者としての真面目（本当の姿）を示す百世に光を放つ珠玉（美しく輝く玉）の佳話（よい話・美談）である。門人たちはこの藤樹の至誠（この上ない誠・真心）に感嘆、感奮（心に強く感じて奮起すること）していよいよ励んだのである。天性の教育者としての好一対が、吉田松陰（『日本の偉人物語2』）と中江藤樹であった。

正直な馬子——人の道を正しく踏んだ一手本

そのころ藩の公金を運ぶ加賀の一武士が、金二百両（約六千万円）を預って京都へ上る途中の出来事である。武士は近江国高島郡から滋賀郡に行く間、馬を使った。その時、その金の入った財布を半日雇った馬の鞍の下に結びつけた。夕方、旅館に着いたときそれを取りはずすことをうっかり忘れてしまった。

気づいたとき馬子（馬で人や荷物を運ぶ者、馬方ともいう）は遠くに去っていた。取り返しのつかぬ過失であった。武士は死をもってお詫びするしかないと思い定めて遺書を書いた。

そのとき夜遅く宿の戸口をたたく者がいた。馬子が財布を届けに来たのである。馬子が仕事を終えて戻り、馬の鞍を解いたとき鞍の下から財布がでてきた。あけてみると二百両もの大金である。驚いた馬子は元きた道を引き返し何時間もかかって武士の泊っている宿にたどりつき財布を返したのである。

武士は夢かと驚いた。「もしこの金を失ったなら、自分の命を失うばかりでなく親兄弟まで重罪になるところでした（紛失したと信じてくれず盗んだに違いないと疑われて本人のみならず家族も処罰される）。このご恩は言葉で言い尽せません」と涙ながらに感謝して、お礼に十五両をさし出した。

すると馬子は、「あなた様のお金をあなた様が受け取るのですから、どうしてお礼など要りましょう。当然のことをしたまでで、それをお受けするわけには参りません」と固くことわった。辛くも死を免れたのだから何としてもお礼をしなければ気がすまないその武士は十両でも、五両でも、三両でも、一両でもと言って受け取らせようとしたが、馬子は頑として拒絶した。武士はついに金二歩（一両の半分）にまで減らして、「せめてこればかりは私の心としてどうか受けて下さい」と懇願した。

やむなく馬子は、「そこまでおっしゃるのでしたら、今夜休むべき所をここまで追いかけてきた賃銭として二〇〇文（約一万円）だけいただきます」といって受け取った。この馬子の態度に驚嘆した武士は、「そなたは何によってそのように無欲で正直なのか、そなたは一体いかなる人ですか」と尋ねずにいられなかった。馬子はにかんで答えた。

「私は名のある人間ではありません。ただの馬子にすぎません。また何ひとつ知らない無知の者です。ただ私の住む近所の小川村に中江藤樹という立派な先生があって、『親には孝をつくすべし。主人は大切にするものなり。人の物はとらぬものなり。無理非道は行うべからず』と常に語って下さいますからそうしたまでです」

現在もしこれと同様なことがあった場合、人々は馬子のしたような態度が取れるだろうか。その人を死から救い上げたのだから、少しぐらいお礼をしてもらうのはごく当然と思う人が少なくないのではなかろうか。しかしよく考えてみるならば、馬子があくまでお礼のお金の受け取りを固辞したことこそ、人間の踏むべき守るべき真の道である。この馬子は人の道の立派な一手本であった。

馬子は又左衛門という河原市村の農民だったが、村民の中で又左衛門だけが特別に立派だったかというとそうではない。誰もがみな又左衛門のように、藤樹の教えを一途に愚直（あくまでも正直なこと）に守ったのである。江戸時代初期の近江国高島郡の庶民たちと現在の日本人と比べて、どちらが人間として立派であろうか。今日の私達は中江藤樹と近江の庶民たちに学ぶべきである。

妻久子の内助

藤樹は三十歳のとき妻を迎えた。名は久子、伊勢国亀山藩士の娘で十七歳である。久子は聡明で何より心の美しいやさしい女性で、婦道において欠けることのない賢夫人であった。久子は藤樹のこの世ならぬすぐれた人格、人間性を崇め、夫として師として仕え敬愛のまことを捧げた。藤樹も女性として人間として申し分のない心清らかで柔和な久子を信愛し、家庭内のことを安心してまかせた。

久子は武士の身分を捨ててまでして、母をいとしく思い大切にする藤樹という人間の真心に深く心打たれずにいられなかったから、藤樹の母に心底いたわりつくした。また二人の男子を生み育てるとともに（他に二男一女を生んだが夭折している）、門人たちの世話に明け暮れた。

藤樹は一面すぐれた女性教育者でもあり、妻の守るべき道徳として「順正」の徳をあげこうのべている。

「順は心だて柔軟に、物言い、顔振り、立居振舞まで和かに従う徳なり。正は作法（起居動作、物の言い方などのしかた）を正しく守る徳なり」

このお手本こそ妻の久子だったのである。久子は藤樹が三十九歳のとき二十六歳で亡くなった。産後の肥立ちが悪かったためである。藤樹はこの最愛の妻の死を深く嘆き悲しんだ。二人は真に敬愛し睦み合った夫婦であった。

いまだ幼少の子供がいたから、藤樹は翌年再婚した。妻は布里というがその翌年三男が生まれた。布里も立派な女性で育児と母への孝養に尽した。母の市は長命で藤樹死後十七年生き八十八歳で亡くなった。

3、儒教の本質を明らかにした古今随一の儒学者
――神を信仰する儒教の教え

藤樹が見い出した本当の儒教

　藤樹が三十年間、儒教を真剣に学び続けたのは、儒教に人間のあるべき道が詳しく説かれていたからである。藤樹は儒教の経典である四書五経並びに『孝経』を眼光紙背に徹する（書物の字句の背後にある深い意味をも読みとる）がごとくに熟読し心読した。註釈書もシナの儒学者の著作もみな読み尽くした。聡明無比（他の者より抜きでて理解力・判断力がすぐれていること）かつ並びなき透徹（すき通るよ

うにすぐれていること）した霊性的直観力、洞察力を持つ藤樹は、そこから一体何を見い出したのであろうか。

それはこれらの経典は一見、表現が異なり内容が違うように見えるが、実は全て一つの根本真理を手を変え品を変えて説いているということである。儒教の経典には、「仁」「義」「礼」「智」「信」「忠」「孝」「敬」「明徳」「良知」「中（中庸）」などの徳目が出てくる。四書五経の解説書は数多く、それらを読めばひとまず表面的理解はできる。しかしそれはみな個別の内容をもつものとしての理解にとどまり、全体的統合的に一つのものとしての理解にはなかなか至らない。『論語』では「仁」、『孟子』では「仁と義」、『大学』では「明徳」「良知」、『中庸』では「中（中庸）」を中心の徳として立てるが、この四者のつながり、四書と五経と『孝経』の密接不可分の関係、全てはひとつに帰一することにつき、普通の人々、いや専門家でさえよくわからなかったのである。加えて後に「朱子学」とか「陽明学」（ともに儒教の一学派）が生まれたから、なおさらややこしくなり迷路に陥り普通の人には敬遠されてきたのである。

藤樹はこうした難解な儒教を糸のもつれを解くように一刀両断（物事をためらわずにきっぱり決断するたとえ）、四書五経と『孝経』（藤樹は多くの儒学者が重きをおかなかった『孝経』を儒教の基本経典の一つとした）を貫く儒教の根本の教えを、結局「孝」「孝徳」にあるとしたのである。それはシナそして日本の儒学者誰一人として言えなかったことであり、藤樹の独創的見解である。藤樹の儒学は一言でいうと、「孝・孝徳」の教えである。藤樹の儒教は、決して朱子学や陽明学の末流、亜流（第二流、追随者）、二番煎じではなく、儒教本来の真の教えであり、それは孔子や孟子でさえ明快に説き得なかった（あるいは説かなかった）ことである。藤樹は儒教の真精神を明らかにした古今随一（並ぶもののない）の儒学者であったが、それを知る日本人は昔も今もほとんどいない。では「孝・孝徳」の教えとはいかなるものか。中学生・高校生のためにできるだけわかりやすく説明しよう。

「孝」が教えの中心――儒教は神を信仰する宗教

藤樹は人間について物事について、常に根本、根源から考える高い知性の持主であり、真理と論理追求の塊のような人でこう考えた。天地万物は人間を含めてみな生むものと生まれるものとの関係により成り立っている。藤樹は天地万物を生み育てる根本の生命力を、「孝」「孝徳」とよんだのである。「孝」「孝徳」が宇宙の根本原理、天地万物生成の根源であるとするのである。私たちの住むこの世界、宇宙には全ての存在を生み出す生命力の根源〈それは神といっても仏といっても大生命といっても、創造主といっても、あるいはサムシング・グレイト〈偉大なるなにものか〉といってもよい〉が実在し、生きとし生けるもの、天地万物はすべてこの大生命の個々の表現と藤樹は考えたのである。それはわが国の「神道」の考え方と同じである。

藤樹は道徳性の高い人だが同時に宗教的感性の極めてすぐれた人であったか

ら、十代のときから目には見えない霊的神的存在を感受する心性が並はずれて豊かであった。それだから儒教の経典を心読するほど、儒教の教えの根本を直観的につかみえたのである。藤樹はこの「孝」「孝徳」の中に生かされているのが人間だから、人は自己を生み育ててくれた生命の本源である「孝・孝徳」を畏み敬い、自己の直接の生命の元である父母に孝養の誠をつくす（これが親への孝行・親孝行）ことが、人間の根本の道であるとしたのである。藤樹の主著『翁問答』の言葉をあげてみよう。

「我、人（他の人）の大始祖の皇上帝（「皇いなる上帝」ともよむ）、大父母の天神地祇（神々）の命を畏れ敬い、その神道を欽崇（敬い崇めること）して受用（実行すること）するを孝行と名づけ、また至徳要道（最高の徳・最も大切な道）と名づけ、また儒道と名づく。これを教ゆるを儒教といいこれを学ぶを儒学という」

これが藤樹の下した儒教（儒道・儒学）の根本定義である。孔子・孟子始め従来の儒学者誰もが言い得なかったことである。

「皇上帝」というのは『書経』（五経の一つ）にある言葉で、人間及び天地万物を生んだ大生命・大父母、換言すると神のことである。藤樹は宇宙の根本原理、天地万物生成の根源・本体を「皇上帝」の名をもってよんだのである。従って人間・天地万物の大父母たる皇上帝を畏れ（あるいは畏み）敬い、皇上帝の命（みことのり）のままに生きることが、人間の根本の道であるとした。わが国では古来これを「神ながらの道（惟神の道・随神の道・神道）」とよんだのである。

藤樹はまた皇上帝を「天神地祇（神々）」とも言っている。その皇上帝と天神地祇の命（みとこのり）・働きが「神道」である。つまり神道とは「孝・孝徳」の別名である。この皇上帝と天神地祇の命・働きである神道すなわち「孝・孝徳」を畏み敬い崇めて実行することが「孝行」であるとしている。藤樹は「孝行」を「至徳要道」とも言っている。そうしてこの「孝行」「至徳要道」を「儒道」と言い、「儒教」「儒学」とよんだのである。

つまり儒教（儒道・儒学）とは、神である皇上帝を畏み敬う信仰であり、宗教である。藤樹はこう断言している。

「神明（神・皇上帝）を信仰するは儒道（儒教・儒学）の本意（根本の本義・まことの教え）

にて候」

神を信仰することが儒教の本義・根本であるならば、藤樹は儒教とわが国の神道は本来一つであると観じていたことがわかる。人間の踏むべき道は、本来民族、人種の差異を越えて一つである筈である。もし違うならそれは真実の道とは言えない。神道、儒教（儒道・儒学）と名称は異なっても人間の根本の道・本質はただ一つと藤樹は直観したが、各経典を総合的に捉え、論理的に深く掘り下げ考え尽して洞察したのである。

これまで儒教は倫理・道徳の教えであり、宗教・信仰ではないとされてきたが、藤樹はそうではなく、儒教は宗教・信仰そのものであるとしたのである。それはそれまでいかなる儒学者も説き得なかった藤樹の一大見識、独創的見解であったのである。藤樹こそ日本シナ双方含めて儒教の第一人者であったと言いえよう。

「明徳」とは何か――「孝徳即明徳即良知」

さらに「孝・孝徳」についてのべよう。これまで多くの人々は、「孝」を親を敬愛し大切に仕える「親孝行」と思ってきた。親への孝行は「百行の本(人間の全ての行いの根本)」であり、人として最も大切な道であることに間違いないが、藤樹はそれは小さな意味、狭い意味の「孝」であるとしている。もっと深く高い広い意味の「孝」及び「孝徳」は先にのべた通りである。父母に孝行することは、結局、自己と父母の生命の本源である「皇上帝」を畏み敬い、「皇上帝」の働きである神道を敬い崇め信仰するさらに上の「孝行」にまでゆき着くことを知らなければならないと言っているのである。つまり「皇上帝」への孝行は、自己の両親への「孝」に対して「大孝」と言うことができる。「孝」についてのべたのが『孝経』だが、藤樹は『孝経』の重大性につき、「このかた千八百余年の間、十分によく学び得たる人まれなり」とまで言い、多くの人は「孝は親に仕うる一事となして、浅近の道理（さほど深くない浅く低い道理）なりと思えり」とのべている。だから『孝経』は、四書にも五経にも入れられず軽視されてきたのであったが、藤樹は『孝経』の重大な価値を明らかにしたのである。『翁問答』の前半は『孝経』に基づいて「孝」を論じ、儒教の本質・真髄を説き明かしたものである。

『孝経』にあるよく知られている一節、「身・体・髪・膚、これを父母に受く。敢えて毀傷（傷つけそこなうこと）せざるは、孝の始めなり。身を立て道を行い、名を後世に揚げ、以て父母の名を顕すは、孝の終りなり」の「身を立つる」につき、藤樹はこうのべている。

「わが身は父母にうけ、父母の身は天地にうけ、天地は太虚（皇上帝と同じ意味）にうけたるものなれば、本来わが身は太虚神明（皇上帝・神のこと）の分身変化なるゆえに、太虚神明の本体を明らかにして（皇上帝が宇宙の根本原理・天地万物生成の根源であることを知ること）失わざる（人間の本質を見失わぬこと）を身を立つるというなり。……かくのごとく身を立て道を行うを孝行の綱領（根本）とす。……人間千々万（たくさん）の迷い、みな私（私欲のこと）よりおこれり。私は、わが身をわが物と思うよりおこれり。孝はその私をやぶり捨つる主人公なり」

「身を立てる」ということの深い意味が、「わが身は太虚神明（皇上帝・神）の分身変化」であることを自覚するにあるというのである。わが身はわが身にあらずということである。つまりそれが「孝行」の本質である。この自己の命の本体・本源を覚った上で現実の親に孝行して、世に立ち道を行い立派な人間となるべしとのべているのである。

藤樹はさらに人間は大父母たる「皇上帝」の「分身変化」であるがゆえに、自己の内に「至徳要道（孝・孝徳のこと）という天下無双の霊宝あり。この宝（孝・孝徳）を捨てては人間の道立たず、人間の道立たざるのみならず天地の道も立たず」とのべている。以上、「孝・孝徳」についてのべたが、「孝・孝徳」を儒教の根本原理とする藤樹の教えの深さが大体理解されたであろう。

続いて藤樹の「孝」の教えを深く理解する上で大切なのが「明徳」と「良知」という徳目である。藤樹の教えを知る鍵となる言葉が、「孝・孝徳」「皇上帝」そして「明徳」「良知」、もう一つが後述する「謙徳」である。

藤樹が最も重要視した経典は、『易経』（五経の一つ）と『孝経』そして『大学』と『中庸』である。『大学』の冒頭はこうである。

「大学の道は、明徳を明らかにするに在り、民を親しむに在り、至善に止まるに在り」

そうして次に大事な語句がこれである。

「古の明徳を天下に明らかにせんと欲する者は、先ず其の国を治む。その国を治めんと欲する者は、先ず其の家を斉う（立派に保つこと）。其の家を斉えんと欲する者は、先ず其の身を修む。其の身を修めんと欲する者は、先ず其の心を正す。其の心を正さんと欲する者は、先ず其の意を誠にす。其の意を誠にせんと欲する者は、先ず其の知に致る。知に至るは物を格すにあり」（平天下・治国・斉家・修身・正心・誠意・致知・格物の八つの徳目が明徳の「八条目」といわれる）

藤樹は『大学』の眼目である「明徳」を先にのべた皇上帝（神）から人間が受けた徳性・本性・本体と捉えるのである。つまり「明徳」は「孝徳」と同じであり、異名にして同体と言っている。「孝徳」を実践することと「明徳を明らかにする」ことは全く同じである。

さらに藤樹は、「知に致る」の知を「良知」であるとして、この「良知」と「明徳」もまた異名同体として捉え、「明徳を明らかにする」ことと「良知に致る」ことは同一であるとのべている。

そうして、「明徳を明らかにし」「良知に致る」ためにどうすればよいかというと、それが「物を格す」ことである。格すとは正すという意味だ。物とは、「視・聴・言・動・思」の五つの事柄で、人間の思いと言動の一切である。この五事を正して心をみがいてゆくことの大切さを藤樹は力説している。

この『大学』の「明徳」や「良知」について原文の訓み方、内容の解釈につき藤樹はほかの儒学者（朱子や王陽明ら）とは異る独創的見解をほどこした。これまで多くの人々は経典にあるいくつかの徳目、重要な語句の差異に心が捉えられて経典を正しく理解しえず、四書五経と『孝経』を一つに貫いている儒教の根本真理をはっきり把むことが容易にできなかったのである。儒教の経典を理解しようとするとき、一つ一つの徳目、語句に拘泥（とらわれること）し過ぎると全体が見えなくなる。常に根本・根源を見据えて大局から全体的、総合的、論理的に各経典を解釈して儒教の本質を明らかにしたのが藤樹であった。藤樹が儒教を正しく理解するために払った努力は並大抵ではなかったのである。

真の儒教は日本に生き残った

一言でいうと藤樹は、「儒教は神を信仰する宗教」との結論に達したのである。人間そして天地万物を生成した根源の神は一つだから、儒教が畏敬する神と日本人が尊崇してきた神は同じでなければならない。日本民族の信仰・宗教は先にのべたように「神ながらの道（「惟神の道」または「随神の道」とも表現する）」「神の道」とよばれた「神道」である。「神ながらの道」とは、人間が神の分霊、分身つまり神の子として、神そのままに、神さながらに神の心（藤樹はこれを「神の命〈みことのり〉」と言っている）のままに、神を畏み敬い、信じ仰ぎ、神に随順して、神の限りない恩恵に感謝して全託（まかせきること）して生きるまこと（誠・真）

の道である。藤樹は最も日本人らしい心性感情をもつ典型的日本人であったから、「神ながらの道」「神道」と儒教が本来一つのものであることを論理的に理解するのみならず、直観し洞察（見通すこと、見抜くこと）し得たのである。

神道と儒教が本来一つであることをもう少し説明しよう。今日、儒教研究の第一人者加地伸行氏は著書（『儒教とは何か』中公新書『孝経』講談社学術文庫）において「儒教は孝・祖先崇拝を核とする宗教」であり、「儒」とは、祭祀や葬儀、呪的儀礼（天上の神・霊魂に祈祷し祖先の霊魂などを招き降す儀式）に従う巫祝（上述したことを任務とする人）であり、儒教は本来、祖先、自然の神々を祭祀することを根本としていたとのべている。「祭」とは祖先の霊を祭ることであり、「祀」とは自然の神々を祀ることであった。つまり「孝」とは、祖先の祭祀を行うことであったのである。わが国の神道の核は、祖先崇拝（祖先信仰・祖先祭祀）と自然崇拝（自然信仰・自然祭祀）である。結局、神道と儒教はその本質において同じである。

シナの太古の時代は、祖先祭祀と自然祭祀を中核とする宗教としての本来の儒教が行われていたのである。漢字研究の第一人者白川静は、古代人の生活の根本は神を祀ることであり、古代は「祭祀共同体」であり、人々は絶対的な畏れをもって神に仕え神を祀ったと言い、神、祖先、自然を畏敬しこれを祀ったのは古代人の共通するところとのべている。さらに古代人は神・神霊はあらゆるところに遍く存在すると考え、古代人は汎神論（生きとし生けるもの・天地自然の全ての存在が神の命の表現とする考え）の世界に生きていたとのべている。そうして漢字は、古代人が神々と交通し神意をうかがうために誕生したとのべている（『詩経』中公新書）。白川は神、祭祀に関する文字は「示偏」で作られ、約六十字（例＝神〈神〉・社〈社〉・祭・祀など）あるとのべている（『文字講話Ⅱ』平凡社）。

しかしシナ古代で行われていたこの祖先祭祀・自然祭祀は時代がたつうちに衰退して行った。春秋戦国時代の約五百年間、シナは戦乱と混迷と無秩序の世界に陥ったから、儒教は宗教としての本来の姿を失い、そのあとは倫理・道徳の教えに変容（すがたを変えること）した。宗教としての儒教が死に絶えてしまったことは実に致命的だった。今日、シナ人は神なき民となり、儒教もほとんど消滅し道徳最低の社会と化している。

日本国体は「孝徳」の顕現

結局、儒教は日本で生き残ったのである。祖先崇拝、自然崇拝の祭祀を太古以来現在の時代まで絶やすことなく継続してきた世界で唯一の国が日本である。その祖先祭祀、自然祭祀を行ってきたのが皇室であり全国の神社である。天皇の最も重大な任務は祭祀である。天皇は宮中三殿（賢所〈皇祖天照大御神の祭祀〉・皇霊殿〈歴代天皇の御霊の祭祀〉・神殿〈八百万神の祭祀〉）において建国以来この祭祀に努め今日に至ったことは、まことに驚嘆に値することである。

天皇を国家の中心に戴く日本国体の核心・精髄は実に祭祀にある。天皇が皇祖天照大御神をお祭りされることが、日本国家が存立する根本であり、この祭祀が現実の政治（日本では古来、政〈まつりごと〉と言ってきた）の根底・基礎なのである。祭（まつり）と政（まつりごと）は本来一体であった。

そうしてこの天皇の祖先祭祀こそ、孝そのものであり、孝の孝たるものであり、「大孝」である。天照大御神をお祭りしているのが伊勢神宮だが、神宮は「孝・孝徳」「大孝」の至上最高の形象（かたち・形態）である。藤樹がたどりついた儒教の根本である「孝・孝徳」を天皇が身をもって行い、国家の祭祀として建国以来不断に実践した国が日本であったのである。日本の国体そのものが「孝徳」の顕現であったのだ。何という素晴らしいことであろうか。ここに想像を絶する天皇国日本の凄み、本質があるのである。神武天皇は天下を平定し大和の橿原

藤樹書院の内部

に都を建てたあと祖先の祭祀を大々的に行われたが、『日本書紀』はこう記している。

「天津神(天照大御神)を郊祀りて、用て大孝をのべたまう」

天皇が皇祖神を祭祀することが「大孝」(親にしたがうこと)であったのである。皇祖神天照大御神は儒教の経典の言葉で言うならば「皇上帝」である。皇上帝を畏み敬い信仰することが「孝行」であり「大孝」であるが、シナではこの信仰は遠い昔に消滅していた。しかしわが国は厳然として今日まで堅持されてきたのである。

儒教の真の教えがシナではなくわが国で実践され、天皇の祭祀すなわち皇祖天照大御神への「大孝」が、日本人の道徳の根源となっていることに対して、藤樹がいかに筆舌に尽しがたい感銘を受けたかを知らなければならない。藤樹は天皇国日本が宇宙の根本原理である「孝徳」の実現そのものと知った時、手を舞い足を踏むところを知らぬ言い知れぬ悦びを感じたことであろう。藤樹は三十四歳の時、伊勢神宮に参拝したがその感激をこうのべている。

「神明（天照大御神）は無上の至尊（最も尊い神）なり。かつ太神宮（天照大御神）は吾朝開闢（日本のはじまり）の元祖なり。日本に生まるる者、一たび拝せずんばあるべからず」

このとき次の漢詩を詠んだ。

光華ある孝徳続いて窮り無し
正に犠皇と業も亦同じ
黙禱す聖人神道の教え
六合に照臨したまえ
太神宮

「光華ある孝徳続いて窮りなし」とは、光り輝く孝徳の顕現である天皇国日本の国体が、天地とともに窮りなくこれからも永久に続いてゆくという意味。次の行は、天照大御神の皇祖としてのお働きはシナ最初の皇帝とされる伝説の人物、伏犠・神農の業績と比べて少しも遜色はない、同じという意味。三行目は本質を一つにするシナの儒教と日本の神道の今後益々の興隆を深く祈念するとの意味。最後は、太神宮・天照大御神の御光が六合(全世界)に照り輝き、天照大御神の子孫たる天皇の御恩徳・御威徳が全世界にあまねく及ぶことを祈念したものである。

藤樹はこの詩の中で、「光華」「六合」「照臨」の三字を使ったが、それは『日本書紀』に基づいている。伊邪那岐神が「天下の主者」として天照大御神を生んだとき、『日本書紀』はこう記している。

「この子、光華明彩しくして六合の内に照り徹る」

藤樹は最後のところの「太神宮」を行をかえて、しかも一字上げてこの詩を結んだ。天照大御神は「天下の主者」として「六合」に「照臨」しているとの確信である。藤樹がいかに天皇国日本の国体を正しく理解し、これを讃仰してやまぬ日本人としての根本的自覚を抱いていたかが明らかであろう。藤樹は知覚、霊覚ともに類稀な人物であったことが思い知らされるのである。

4. 慎(つつし)み・謙譲(けんじょう)の徳に生きた高貴なる生涯

「謙徳(けんとく)」の尊重

藤樹の教えにおいてもう一つ重要な徳目が「謙徳(けんとく)」である。「謙」とは、へりくだること、つつしむこと（漢字では、敬しむ、慎しむと書く）、譲(ゆず)ることである。熟語では、「謙譲(けんじょう)」「謙虚(けんきょ)」「謙遜(けんそん)」「謙慎(けんしん)」「謙抑(けんよく)」などがあるが、みなへりくだり、つつしむ意味である。なぜこの謙の徳・謙徳が「孝(こう)・孝徳(こうとく)」「皇上帝(こうじょうてい)」「明徳(めいとく)」「良知(りょうち)」と並んで、藤樹の教えにおいて重要なのか。それは「皇上帝」

つまり神を畏み敬い信仰し神に随順し感謝する心が、すなわち神に対するつつしみ、へりくだりの心つまり「謙」の心であるからである。神への畏敬の心を「謙」という別の言葉を使ってのべたのである。つまり「謙徳」と「孝徳」は同じである。儒教の経典は、一つの真理を言葉を駆使して説明しているのである。

藤樹は「謙・謙徳」の反対を「満心」「自満の邪心」「高満の邪心」「高満の凶徳」「自満する魔心」と言っている。「自満」「高満」とは、神へのつつしみ、へりくだりを忘れて、自己中心となり己惚れて傲り高ぶり反省心を失うことである。藤樹は『翁問答』においてこうのべている。

「謙は温恭自虚(温和で恭しくつつましくへりくだる心のこと)にして、自ら反し(反省し)独を慎み(神を畏み敬いわが身をつつしむこと)、人をうらまず人をあなどらず、人に取って(おいて)善をなす徳なり」

「知あるも愚かなるも、自満の心なきは稀なり。この満心、明徳(人間の本性・本心)をくらまし、わざわいを招く曲者(悪者)にして、よろずの苦しみもまた大かたこれよりおこれり」

「聖賢（聖人賢者・最も徳高き人）より下の生れつき（生れついた人）に、高満の邪心なき人はなし。天下の悪逆無道（最もひどい無法非道の行為）をなし……、みなこの満心のなすわざなり。この自満の邪心が魔境畜生道（人の道をふみはずして悪魔のような人間になってしまうこと）へおちいる道筋なりと、いましめおそるべきことなり」

「正真（真に正しいこと）の学問は私を捨てて義理をもっぱらとし（私心を捨て人間の正しい道を踏むこと）、自満の心なきようたしなむを工夫のまなこ（眼目）とし…」

「にせの学問は博学のほまれを専らとし、まされる人をねたみおのれが名を高くせんとのみ、高満の心をまなことし……」

「天子諸侯（天皇・将軍・藩主）守り行いたまうところ、謙より大きなるはなき事を明らかに弁まう（心得えること）べし。国を治め天下を平かにする要領、謙の一字に極まれり。謙徳はたとえば海なり。万民はたとえば水なり。海は卑下（謙虚なこと）なるによって、天下の万水みな集りて帰するがごとく、天子諸侯、謙徳を守り給いぬれば、国天下の万民みな心を帰して悦び従うものなり」

「諸侯卿大夫（藩主及び家老らの指導者）の第一に守り行うべき事は、謙の一字なり。我が位高きにおごり自満する魔心（悪魔の心）の根を絶ち捨て、義理の本心（孝・孝徳のこと）を明らかにし、かりそめにも人をあなどらず軽しめず（侮蔑しないこと）、慈悲深く万民をあわれみ、諸士に無礼をなさず、家老、出頭（身分高い武士）の諌めをよく聞き入れ、我が智恵を先立てず、善を好む事は好色（異性を好むこと）を好むごとく、悪を憎むことは異臭を憎むごとくなるを謙というなり」

ふつう「満心」「自満」「高満」は「慢心」「自慢」「高慢」と書くが、藤樹は満の字を使う。それは五経の一つ『易経』の「天道は盈つる（満つること）を虧いて謙に益す」からきている。天の道は、満ちたものがあれば必ずそれを欠き、不足にあって謙遜な態度を守っている者に対しては、それを補い益すものという意味である。藤樹はこう言う。「満は損を招き、謙に益を受く、これすなわち天道（神の道の意）なり」つまり「満」は「謙・謙徳」の正反対であり、「謙の一字」は『易経』の要諦（最も大切な要点・眼目）であり、「謙徳」は「孝徳」「明徳」「良知」と同一である。藤樹はこの謙徳を最も尊び、その反対の傲り高ぶる「満心・自満・

高満」を邪心・魔心・畜生道として最も卑しんだのである。江戸時代の藩主の中でこの謙徳を生涯実践した代表的名君が『日本の偉人物語2』の上杉鷹山である。藤樹がいかに神への畏敬と信仰に立つ謙徳に生きた並はずれた高貴な人格の持主であったかがわかるのである。

女性への教育——胎教の大切さ

母に孝養を尽し妻を敬愛した藤樹は、すぐれた女性教育者でもあった。藤樹が女性、母親のための教訓書として著したのが『鑑草』である。子供への教育においで何が根本となるかにつきこうのべている。

「教子(子供への教育)は、道を教えてその明徳仏性を明らかにさせることなり」

「明徳仏性」とは、「明徳」と「仏性」である。当時の女性はほとんど全て仏教を信仰していたから、人間の心の本質・本性をさす「仏性」という言葉を使い、仏性と儒教の「明徳」が本来同じものであるとして、「明徳仏性」とよんだのである。藤樹は神道、儒教、仏教はその本質において一致すると考えていた。二宮尊徳と同じである。

「人々の心の中に明徳と名づけたる無価（値段のつけられないほど尊いもの）の宝あり、これを性命（神から授けられた人間の命とその本性）の宝と言う。天下第一の宝なり」

「子を愛する時は、必ずその子に宝を与えんことを願わざるはなし。しかはあれど（しかしながら）、天下第一の宝のあることをわきまえざるが故に、徒に世間の宝（金銀珠玉の財宝や高い地位名誉など）を与えんとのみ願いて、性命の宝を与えんと願う心なし」

「如意宝珠（仏教語、自己の内にそなわるこの宝の珠により種々の珍宝を出すことができるとの意）の明徳は、人々具足の物（すでにそなわっている宝）なれば、上天子より下庶人（庶民）にいたり、上聖人より下凡夫（普通の人）にいたるまで、求むれば得る物なり。……天下第一の宝を譲らんこと、子を愛するの至極（最も大事なこと）なるべきにや（あらん）」

「食欲の習い（習慣）、我満（自分中心の心）の習い、狼戻（心がねじけ曲ること）の習い、争い勝習い、人をあなどりいやしむ習いなどのしみ（染みよごれること）つかざるように用心第一にし、……父母、兄、老いたる人に宮仕え（朝廷において天皇に仕えるように心から尊敬してまことをつくすこと）のわざを教え、つとめて謙徳を養うべし」

「母たるもの、夫の短き所（欠点）悪しきことなどをその子に語りきかせて喜ぶものあり。それは正しくその子に不幸を教ゆるなり」

「後生ともに（今の世、後の世ともに）孝養の誠をうくることは、子の明徳を明らかにするより外はなし。子の明徳明らかになれば、必ず孝行、誠ある……」

母がわが子をいかに教育するか、その最も大なることが子供の内に先天的にそなわる「天下第一の明徳（明徳仏性・如意宝珠の明徳）」を明らかにすることであることがよくわかる。そうして子供の教育の手はじめが、「胎教（妊娠中、思想・品行を正し胎児に感化を及ぼすように努めること）」にあることにつきこうのべている。

「この時の教えは、母の心持ちと身の行いにあり。いかんとなれば（なぜかというと）気（精神）集まり形固まる始めなる故に、物にあやかりやすき（おなかの子が母の心持ちと身の行いに感化されて似てくること）ゆえなり」

「胎教の心持ちは、慈悲正直を本とし、かりそめにも邪なる念を発すべからず。食物をもよくつつしみ、居ずまい、身のはたらきをも正しく慎み、目にむざとした色（きたない、汚れたもの）を見ず、耳に邪なる声を聞かず、古の賢人、君子（立派な人物）の行迹（行為）、孝悌忠信（親に真心をもって孝行し、兄弟姉妹を敬愛し、正直に誠の心で生きること）の故事（昔の出来事）を記せる草子（物語）を読みあるいは物語を聴くべし。これ胎教の大概（大本）なり。胎教によって子の容儀（姿、形、人のなりふり）もよく智恵もすぐるる（優ること）理りをわきまえざるがゆえに、胎教に力を用いず。されば胎教は子に教ゆる根本なれば、よく戒め励ますべきことにこそ（ありけれ）」

今日、忘れがちな実に大切な「胎教」の教えである。やがて父となり母となる中学生・高校生にとり最も貴重な教えにほかならない。

高潔無比の人格・風格

最後に藤樹の薫り高い人格・風格を語る言葉を掲げよう。

「先生、分毫の矜誇なく（ほんの少しも誇り高ぶる心がないこと）、朴実頭（飾り気がなく誠実な表情）にして人に知られんことを求めず。しかれども遠近その風（藤樹の人格・風格）を聞く者、来たりて教えを受く」

藤樹の教えを継承して世に伝えた淵岡山は初めて藤樹に会った時、藤樹が並はずれた人物であることがすぐにわかった。ひそかに他の門人にこう語った。

「徳容（藤樹の全身から感ずる人徳の高さ）の敬すべきのみならず、聡明才知もまた企及（匹敵すること）すべからざるものがある」

藤樹は人格がすぐれているだけでなく、聡明さ・才知の高さにおいても並びないというのである。それが藤樹の耳に入ったとき嘆息を洩らしてこうのべた。

「自分は日頃、聡明才知を以て人に加うること（その一員になること）を恐れ、努めて韜蔵（つつみかくすこと）せんとしていたのに、猶時ありて発露することもあるか。彼の我をほむるところは吾自ら恥ずるところである」

普通の人なら自分が才知聡明で学問が傑出しているならば内心誇るべきこととして自分の高名が世間に伝わることを快く思うところだが、藤樹はその反対であった。

また藤樹は常住坐臥、「神を畏敬する心が充ち満ちており、閑気（ひまでぶらぶらしているさま）なき者のごとし。凡人がみるならば、年老いた愚かしい老女のようにしか見えなかった」と伝えられている。「大賢は愚なるがごとし」（真の賢人は一見して愚かしく見える）というが、藤樹がそうだった。『藤樹先生行状』はこうのべている。

「先生、顔色温和にして言語正し。神気（精神）安定にして平居の間（日常生活）従容たり（ゆったりと落ち着いている）。その人と交わる礼容（礼儀・姿）を見るに謙遜にして陋劣（卑屈なこと）ならず。常に雑語なし（つまらぬことを言わず寡黙なこと）といえども、温厚なるが故に坐にある者自ら悦豫（悦び楽しむこと）たり（藤樹は雑談はしないが温和な藤樹がただそこにいるだけで、まわりの門人はうれしい気持になるということ）。正直の操（強い心）、勇気の傑（勇気に傑れていること）、得て犯すべからざるものあり（藤樹は正直誠実でしかも類いなき勇者という意味）。母堂に事えて孝を極む。気を下し色を悦ばしめて（母の気持をなごやかにしいつも満足した表情でいさせ）その命に違わず（言いつけにそむかない）。故に母堂これに和順（孝行の限りを尽してくれる藤樹のなすがままに悦んで従うこと）、幼児のごとくにして相憚る底の意志なし（幼児が母に対するように母は少しの気兼なく憚ることなく藤樹と睦み合っているということ）」

藤樹の高潔無比の風格を見事に活写している。

江戸期最高の道徳的偉人

高徳の人物に共通するのが反省心の深さだが、藤樹はこうのべている。

「人の非をお咎めなく、その非の我が身にありやいなやと省察（自ら反省しわが身のよしあしを深く考えること)し、一念の微(ちょっとした心)を慎み、視・聴・言・動・思、おのおのその正を得るよう工夫いたし候を、自反慎独(みずから反りみて、独りを慎む)と申し候」

二宮尊徳(『日本の偉人物語1』)はこうのべている。

「寝ても覚めても坐しても歩いても行住坐臥(日常生活の全て)油断なく異見すべし(自分に対してそれでよいのかと自らを戒め反省しなさい)」

西郷隆盛(『日本の偉人物語3』)はこう言う。

「人を相手にせず、天(神)を相手にせよ。天を相手にして己れを尽して人を咎めず、わが誠の足らざるを尋ぬべし」

上杉鷹山、二宮尊徳、西郷隆盛、吉田松陰、そして中江藤樹はみなわが国を代表する高貴な反省心の深い至誠(この上ない誠の心)の人格者で実によく似通っている。この五人物はみな至誠・慈悲・温和・謙虚にして剛毅であった。

ただひとすぢに完き人間を目指した藤樹は傲り高ぶった「満心」を最も卑しみ、慎み・謙譲の徳を最も尊び、評判を何より嫌い無名の生涯を送らんとした。

気高い人格、品性、天賦（神から授けられた素質）の聡明さを兼ね備えて生まれたが、不断の努力と修養により比類なき風格を玉成し、後世「近江聖人」と讃えられるに至るのである。『代表的日本人』を著した内村鑑三は藤樹を、「最も独創的な人」「かつて日本の産みし最も聖人らしき一人」「わが国最大の恩人の一人」として讃えたが、それは決してほめ過ぎではない。

参考文献

『藤樹先生全集』全五巻　岩波書店　昭和15年
『翁問答』中江藤樹　加藤盛一校註　昭和11年
『鑑草』中江藤樹　加藤盛一校註　岩波書店　昭和14年
『中江藤樹一日一言』中江彰編　致知出版社　平成20年
『中江藤樹人生百訓』中江彰　致知出版社　平成19年
『藤樹学講話』西晋一郎　目黒書店　昭和16年
『中江藤樹』加藤盛一　文教書院　昭和17年
『日本学としての藤樹教学』松原致遠　講談社　昭和18年
『中江藤樹の総合的研究』古川治　ぺりかん社　平成8年
『中江藤樹の人間学的研究』下程勇吉　麗澤大学出版会　平成6年
『中江藤樹・熊沢蕃山』木村光徳・牛尾春夫　明徳出版社　昭和53年
『近江聖人中江藤樹』大久保龍　啓文社　昭和12年
『中江藤樹の生き方』中江彰　明徳出版社　平成21年

第一話　中江藤樹――日本的儒教をうち立てた第一人者

『中江藤樹』久保田暁一　致知出版社　平成18年
『代表的日本人』内村鑑三　岩波文庫　平成7年
『中江藤樹』渡部武　清水書院　昭和49年
『儒教とは何か』加地伸行　中公新書　平成2年
『孝経』加地伸行訳注　講談社学術文庫　平成9年
『詩経』白川静　中公新書　昭和45年
『文字講話Ⅱ』白川静　平凡社　平成5年
『元田永孚文書』全三巻　元田文書研究会　昭和45年
ほか

第二話

高杉晋作（たかすぎしんさく）——明治維新（めいじいしん）を導いた長州の大守護神

高杉晋作

天保 10 年（1839）～慶応 3 年（1867）
江戸時代幕末の長州藩士。吉田松陰の松下村塾に学び、長州藩の尊皇攘夷の志士として活躍した。奇兵隊を創設し、長州藩を倒幕に方向付けた。（肖像画：国立国会図書館デジタルコレクションより）

1、吉田松陰と高杉晋作
――生涯を決した恩師との出会い

維新の「真の三傑」

明治維新はわが国最大の変革であり艱難を極めた大偉業であった。その証拠を挙げるならば、この事業を成し遂げる為にわが国史上最も傑出した人物が、いかなる時代よりも数多く輩出（立派な人物が次々に世に出ること）したことである。これまでのべた西郷隆盛（『日本の偉人物語3』）、吉田松陰（『同2』）、島津斉彬（『同4』）、坂本龍馬（『同1』）はその代表的人物である（このほかに勝海舟がいる）。

そうしてこの五名に並ぶ人物が高杉晋作である。

明治維新において中心的役割を果したのは何といっても薩摩と長州である。土佐・肥前・水戸・福岡・久留米・福井等からも少なからずすぐれた人物が出たが、薩摩・長州とは同列に論じられない。名状しがたい困難と多大な犠牲を払いながら藩として尊皇倒幕に命がけで突き進んだのは薩長二藩だけであった。ほとんどの藩は尊皇倒幕・王政復古など到底実現不可能の白昼夢であるとして薩長を白眼視し、土壇場まで日和見(形勢をうかがい自分の都合のよい方につこうとすること)の態度でいたのである。

その薩摩と長州の最も偉大な先覚者・先駆者が、島津斉彬と吉田松陰である。この二人がいなければ西郷も高杉もなく、薩長の明治維新運動はあり得なかった。この二偉人の志を確固として受け継ぎ、明治維新を成就させたのが西郷隆盛と高杉晋作である。明治維新における西郷の存在と働きは比類を絶しているが、高杉のそれは西郷に次ぐ。薩摩と長州はいわば車の両輪であり、どちらか一方が欠けたなら明治維新は成り立ち得なかった。

以上の六名は勝海舟を除き悲劇的死を遂げた。西郷は「国賊」として倒れ、松陰は刑死し、龍馬は暗殺され、島津斉彬はおそらく毒殺された。高杉は長州藩を一身に担う最高指導者として四境戦争において幕府・諸藩の連合軍を見事に打破り、全心身を燃焼し血を吐いて最期を遂げた。この事実に照らして見ても、明治維新が至難に満ちた奇蹟の大事業であったことがうかがわれよう。「維新の三傑」としてふつう西郷隆盛・大久保利通・木戸孝允があげられるが、同時代の人々は、「真の三傑」は西郷隆盛・高杉晋作・坂本龍馬と言っている。正論である。明治維新の礎を築き上げた先覚者・先駆者の双璧（二つの光り輝く玉）が島津斉彬と吉田松陰であり、この二人の志を継承し明治維新を達成した最大人物が西郷と高杉である。そして薩長の提携に尽力し西郷・高杉から深く親愛されたのが龍馬であった。

鼻輪のつけられぬ暴れ牛

高杉晋作は天保十年（一八三九）八月二十日、長門国萩（山口県萩市）に生まれた。その屋敷は今も残っている。父は高杉春樹、母は道。一人息子で妹が三人いた。本名は春風、通称は晋作、字は暢夫、変名に谷梅之助、号に東行、楠樹、西海一狂生などがある。年齢は吉田松陰の九つ下、久坂玄瑞の一つ上、入江杉蔵の二つ下、木戸孝允の六つ下、伊藤博文の二つ上、山県有朋の一つ年下である。

高杉家は毛利元就以来の名家の一つ、禄高二百石の上士で、先祖代々藩主に忠実に仕え、父の春樹は時の藩主毛利敬親、世子（跡継ぎ）定広（後に広封と改める）に厚く信頼され要職を歴任した。

高杉は年少時から自己の家柄を「吉田（毛利元就の出身地・安芸国の吉田郡山）以来の士」との強い誇りを抱いていた。生涯毛利家への忠義と両親への孝行を最も大切にしていた。高杉は七歳（数え年）頃から藩校明倫館で儒教漢学、日本やシナの古今の忠義貞節(人間としての正しい行為)善行などを学んだ。しかしその頃高杉が好んだのは学問より武道であった。十二歳頃から剣道、槍、弓、兵術に熱中した。後年、高杉は「少(年少)にして無頼(性行が不良なこと。学問よりも武芸に傾きすぎたので自分を卑下(〈いやしむこと〉してこう言っている)、撃剣を好み一箇の武士たらんことを期す」と日記に書いている。やがて剣道は一流に達する。

高杉は根は善良でとても親思いの少年だったが、大変な負けず嫌いで不屈かつ不羈奔放(束縛されず自在に振舞うこと)の気性を備え、傍若無人のところがあった。後に松下村塾に通うが、そこで村塾生につけられたあだ名が「鼻輪のつけられぬ暴れ牛」である。暴れ牛は鼻に鉄輪がはめられてそれに綱を結んで引っ張る。暴れ牛は鼻にくいこむ鉄輪が痛いからおとなしくいう通りに動く。ところが高杉という暴れ牛にはその鼻輪をつけることができないという意味である。高杉はそれほどのきかん気の暴れん坊であり、年少時より英雄児の面影があった。今に残されている写真を見てもその不敵な面魂がよくあらわれている。父の春樹は忠実、謹直(つつしみ深く正直なこと)、温和そのものの好人物で、高杉家は代々そのような人々が多かったが、晋作は親とはうって変った型破りでいわば「突然変異」であった。

高杉のこのような性格は一歩誤ると手のつけられない我儘な驕児（傲り高ぶる少年）、頑固一徹の非妥協的人間として世間のつまはじきにあうおそれがあった。しかしそうはならなかったのは、高杉の生涯を決する恩師吉田松陰との出会いがあったからである。

吉田松陰の絶大な感化

高杉が武道に熱中したのは、ひとつに藩校明倫館における学問が物足りなかったからである。明倫館の学問はもっぱら四書五経などの経書（倫理道徳の書）の訓詁（文字の註釈とその意義の解釈）に終始するだけのもので、当時の危機的な時勢（晋作が十五歳の時、ペリーが来航している）に対し長州藩士として日本人としていかにあるべきかという大切なことには一切触れず、そのような論議を圧殺していた。「一箇の武士たらん」とする熱血漢・高杉としてはそれが不満であり、あくまで幕府を尊重するお家大事の事なかれ主義に泥む（こだわること）明倫館教授の講義が面白くなくてしかたなかったのである。

　安政三年（一八五六）、高杉が十八歳の頃、吉田松陰の松下村塾が始められた。松陰の講ずる学問は明倫館のひからびた死んだような学問とは相容れなかった。『日本の偉人物語2』でのべたように松陰は村塾で三つの大切なことを語り尽した。先ず何より幕府の上に立つ天皇の尊厳を説き、「皇国の皇国たる所以」を明らかにすることを第一義とした「尊皇」の学問であった。松陰の言葉を掲げよう。

「およそ皇国の皇国たる所以は、天子（天皇）の尊（尊さ・尊厳）万古不易（昔から今日まで変ることがない）なるをもってなり」

「独りわが国のみ皇統（天皇の血統）連綿（継続すること）として、天壌（天地）と窮りなし（天地とともに永遠に続く）」

　そうして松陰はこの「万世一系の天皇」を仰ぎ戴く皇国日本が、ペリー来航に象徴されるようにわが国初まって以来の大国難に直面していることを力説したのである。幕末の日本にイギリス・フランス・ロシア・アメリカという四強が襲いかかったのである。『日本の偉人物語』(1~4巻)でのべたように日本人の五体が震え上ってとまらぬ未曾有の最大の危機・国難であった。それゆえ松陰は「夷狄(欧米列強)の悪むべき所以」すなわち「攘夷」を大声疾呼したのである。

そうしてもう一つが、「人倫の人倫たる所以」である。それは明倫館でも教えていたが、そこでは「皇国の皇国たる所以」と「夷狄の悪むべき所以」につき、吉田松陰の火を吐くような魂の底に響きわたる憂国の熱弁は皆無であった。軍艦と大砲を備えた欧米列強の襲来などどこ吹く風といった気の抜けた魂のこもらぬ講義であったから高杉は明倫館に愛想をつかすのである。

高杉が松下村塾にやってきて松陰に学び始めたのは安政四年(一八五七)の夏の頃、十九歳の時である。当時、村塾で学ぶ者は、士分以下の足軽・中間と庶民の子弟が大半だった。明倫館には足軽・中間などの身分の低い者は入学できなかった。松陰は鎖国の禁を犯した重罪人だったから、長州藩では危険視され、「乱民」(世の中を騒がせ乱す民)と蔑まれた。それゆえ身分のあるまともな武士の子弟はほとんど誰も近付かなかった。高杉家でも父と祖父（まだ元気だった）は、晋作が村塾に行くことを固く禁じていた。血の気が余りある高杉が「乱民」とみなされた松陰の感化を受けたら、手のつけられない暴れ牛になることを何より恐れたのである。

親孝行だった高杉は父や祖父の言いつけを守っていたが、噂に聞く吉田松陰という人物に強く引きつけられとうとう我慢できなくなり、親や祖父に内緒で村塾に通うのである。

高杉は松陰に出会って、今の世にこのような人物がいるのかと思った。松陰のほとんど類いなき高貴かつ純粋な人格、並びなき学問の深さ、見識の高さに魂の奥底からの感銘、感激を覚えるのである。「吉田以来の士」の誇りを持つ高杉は良い意味でとても気位の高い人物で、これまで藩主以外に頭を下げる人はいなかった。しかし松陰には心の底から脱帽し悦服できた。それは何より幸せなことであり、高杉は唯一の良師・恩師に巡り合うこの上ない悦びを味わったのであった。松陰は高杉ほどの「暴れ牛」を魅了してやまぬ天性の不思議な人格の威力を備えていたのである。高杉はその頃こうのべている。

「父兄に忍び毎々従学して（父や祖父に黙って毎日のように村塾に通学して）、深く松陰の才学（才能・学問・見識）を慕う」

高杉のこの松陰への崇敬仰慕の情は絶対的で生涯変ることはなかった。維新の志士の中で高杉は昔も今も高い人気がある。西郷・松陰・龍馬に少しも遜色がない。強烈な個性のもと「動けば雷電の如く発すれば風雨の如し」（伊藤博文の高杉評）といわれた超凡の胆勇（胆力と勇気）を奮ってついに一死をもって長州藩を立直した高杉は文句なしの英雄・英傑として多くの日本人から敬愛されてきたが、高杉の最も高杉らしい麗しい心情は、実に生涯唯一の恩師吉田松陰への至純（この上ない純真さ）の心である。この心あるがゆえに後世の日本人は高杉晋作という人物に強くひかれるのである。

村塾通いはやがて祖父の知るところとなった（その頃父は江戸勤めで家にいない）。祖父はそれをとても憂えて、通学は許すが「何とぞだいそれたことを致してくれるな。父様の役にもかかわるから」と言い渡した。父や祖父に背く不幸は決してしたくないが、しかし高杉の魂を奮い立たせる松陰の教えには抗しがたかった。しばらくの間、高杉は行動を束縛され心中悩み苦しむのである。

松陰との二年間の心交

松下村塾における松陰の教育の大眼目は先にのべた通り、㈠「皇国の皇国たる所以」㈡「夷狄の悪むべき所以」㈢「人倫の人倫たる所以」を知ることであった。単に書物を読み、物知り・学者になることではなく、実践が第一であった。武士、日本人として正しい志を立てることであり、「報国（国家の恩に報いること）の大計を立てる」ことにあった。松陰は村塾生のすべてにそれを強く求めた。それゆえに危機・国難に直面している時勢に真直に目を向け、祖国をいかにして欧米の侵略から救い出すかを真剣に論じ合ったのである。そのような松陰に高杉はぐいぐい引きつけられて、松陰の魅力の虜になるのである。松陰も高杉も本来火の玉のごとき熱い魂の持主だから、二人は共感共鳴し合ったのである。

しかし入門当初、高杉の学問見識はまだ未熟であった。当時松陰が最も期待していたのは人物・学問ともに村塾きっての秀才、久坂玄瑞である。やがて松陰の妹文を妻に迎える久坂に比べると、入門当時の高杉は見劣りがした。松陰はこうのべている。

「高杉は分別（思慮、物事をわきまえること）はあるが学問がまだ十分でなく、人の意見を容易に聞かず独断専行するところがある」

そこで松陰はいつも久坂をあげて久坂を手本として見習って励むよう高杉を導いた。負けず嫌いの高杉は猛然と学んだ。たちまち学問が進み、見識も深くなり、議論もすこぶる高くなった。久坂は「高杉の見識には誰も及ばない」と讃えた。高杉もまた「玄瑞の才能は当世無比」と脱帽した。松陰は対照的な人柄の二人が互いに相補い心から協力し合うことを強く願った。約一年後、高杉が江戸に出るとき、松陰ははなむけの言葉を送った。

「二人して相得たれば（二人が互いに認め合い相協力するならば）、吾れ寧ぞ憾みあらんや（何もいうことはない。めでたしめでたしだ）。暢夫よ暢夫（高杉）、天下固より才多し。然れども唯一の玄瑞を失うべからず（いつまでも久坂と手を携えて進むべし）」

両雄並び立たずというが、二人は松陰の依託（頼みまかせること）にしっかりこたえて並び立った。気位が高く人の下につくことを潔しとしない高杉が同輩として唯一心服したのが久坂だった。久坂もまた高杉を敬愛していつも高杉を先に立てた。村塾生たちは二人をどう見ていたか。二人は性格・気質は異なったが、甲乙つけがたい双璧（二つの光り輝く玉）と見、やがて松陰亡きあと松下村塾党の両首脳と仰いだ。人々の両者に対する敬愛と人望（尊敬・信頼・人気）は全く同一であった。村塾の仲間はこう言った。

「久坂は親愛されて誰もがついてゆきたい。高杉はおそろしく畏憚（畏れ憚ること）された」

高杉にはもって生まれた天性の威厳、一世を圧する気魄（強く高い気力、精神力）があった。真に英雄の名に背かぬ帝王的風格があった。この点、西郷隆盛と共通する好一対（素晴らしい一組）であった。

高杉は伊藤博文、山県有朋をいつも「俊輔（伊藤）」「狂介（山県）」と呼び捨てにするが、「晋作」と呼び捨てにする者はいなかった。後年、伊藤と山県は明治政府において政治と軍事の第一人者となり元老として時めくが、二人は全く久坂と高杉の指導、感化を受け引き立てられたのである。山県は後年こう語っている。

「我々はいつ彼から九寸五分（短刀のこと、長さが九寸五分ある）を突きつけられることはありはしないかということを真に考えていた」

もし武士として恥ずべき振舞をした時、峻厳な高杉から容赦なく切腹を命ぜられることを村塾生や奇兵隊員たちはみな恐れていたのである。謹厳（慎み深くおごそかなこと）で真面目な山県がこういうのである。久坂が禁門の変で戦死したあと、存亡の危機に直面した長州藩を一身に担った高杉の威厳、威望（勢威と人望）がいかに絶大であったかがわかる。吉田松陰の真の後継者こそ久坂と高杉であり、久坂歿後、高杉は全くかけがえのない長州の唯一無二の最高指導者であったのである。吉田松陰が偉大なる所以は、たった二年余りで久坂・高杉という二英傑を始めとする長州と日本を背負って立つすぐれた人物を育て上げたことにある。

死をもって志を伝えた松陰と高杉らの誓い

高杉が松陰の教えを直接受けたのは、十九歳から二十歳までわずか一年足らずだったが、しかしそれはその後の高杉の人生を左右する決定的なものであった。

高杉が江戸に修業に出た翌年（安政六年〈一八五九〉）、松陰は幕府に呼び出され江戸に送られてこの年十月、死刑になる。松陰は前年（安政五年）十二月、長州藩政府により再び野山獄に入れられ、翌年五月江戸送りになった。『日本の偉人物語2』でのべたように、松陰の最後の一年は血と涙の悲史であった。

徳川幕府はアメリカの軍事的威嚇に再び屈して、国家の独立を根本から危うくする不平等条約である日米修好通商条約を、孝明天皇の詔勅（条約調印の不許可）に違反して調印した（これを「違勅調印」という）。征夷大将軍の上に立つ日本国家の中心者たる天皇の詔勅を踏みにじり日本を隷属国化・植民地化せんと狙うアメリカの脅迫に屈従したのだから、日本国民としてこれほどの不忠、不敬はなかった。徳川幕府は独立国家としての尊厳と名誉をかなぐり捨てた土下座外交・亡国外交を行った売国奴・国賊であると憤激し、この幕府の政治外交が続く限り天皇を戴く日本は滅亡のほかはないと深憂し洞察したのが松陰であった。

そこで松陰は幕府の失政(誤った政治)を正すために命を捨てて立ち上がろうとしたが、井伊直弼の独裁的恐怖政治に震え上る長州藩政府は松陰の言動を過激であるとして、再び野山獄にぶちこみ行動を束縛した。幕府の松陰逮捕命令にも一切抵抗せず引渡し見殺しにした。吉田松陰というこの上なき愛国者・人格者がどうして牢獄に入れられ、幕府に首を切られなければならなかったのか、よくよく考えてほしい。この時わが国は独立国家としての実体を失い、欧米列強の隷属国・植民地として支配を受ける絶体絶命の窮地(どうしようもない困難な境遇)に陥っていたのである。

松陰は死の直前、江戸の牢獄から手紙を書いて高杉や久坂に教えた。高杉あてのものにこうある。

「小生（松陰）死に候えばこの四人（高杉・久坂・入江・久保清左衛門〈塾生の中心者たち〉）必ず志定まるべし。小生いまだ死なざれば、この四人いまだ因循（決断できずぐずぐずと迷うこと）を免れず」

前年、松陰が命がけで立ち上がろうとした時、久坂と高杉は今はどうにもなりませんと強く反対したことがあった。高杉・久坂・入江らはこの手紙を涙とともに読んだ。刑死直前の十月の手紙「諸友に告ぐる書」にはこうある。

「諸友、わが志を知らん。為に我を哀しむなかれ。我を哀しむは我を知るにしかず。我を知るは吾が志を張りてこれを大にするにしかざるなり」

左から高杉晋作、吉田松陰、久坂玄瑞
（松陰記念館）

私の刑死を悲しむということは、真に私を知ることにはならない。私を知るということは私の尊皇攘夷の志を受け継ぎ、日本を亡国の危機から救い、皇国日本を蘇らせることだと松陰は自らの死をもってその志を高杉・久坂ら弟子たちに伝えたのであった。松陰が亡くなった時、高杉は激しく慟哭(泣くこと)してこうのべている。

「我師松陰の首、遂に幕吏(幕府)の手にかけ候由、防長(長州藩)の恥辱、口外仕り候も汗顔の至りに候(恩師松陰が幕府により死刑にされたことは、松陰を見殺しにした長州藩の恥、屈辱であり、これを口に出して言うことすら恥ずべきことだ)。私共師弟の交りを結び候ほどの事ゆえ、仇を報い候わでは安心仕らず候(松陰を師と仰ぐ我々は必ず仇を討ち幕府を倒すまで心が安らかになることはない)」

「唯日夜、我師の影を慕い激嘆(激しく嘆くこと)仕るのみに候」

十九歳から二十一歳まで最も感受性の強い時代、高杉の純真な日本人の魂を覚醒させた人こそ松陰である。「鼻輪のつけられぬ暴れ牛」高杉晋作が生涯ただ一人敬慕してやまなかったのが恩師吉田松陰であった。

2、長州藩の「破約攘夷」運動

『ペルリ提督日本遠征記』に憤激――「破約攘夷」の決意

高杉のアメリカと徳川幕府に対する根本的考え方は師松陰と全く同一であったが、それは少しも不思議ではなかった。高杉が親の反対を押し切ってまで村塾に通い続けたのは、松陰のこの世ならぬ気高い人格とその卓越した学問・見識・内外の時局認識に心から打たれ共鳴、共感していたからである。

高杉は師と同様、「違勅調印」した日米修好通商条約を無効として絶対に認めなかった。ペリー来航以来、アメリカは強大な軍事力をもって威嚇を重ね、違勅の不平等条約に調印するというこれ以上にない国辱（国家としての屈辱）を再び味わされたことに、高杉は日本人としてもはや耐え難い気持でいた。この時、高杉はあくまで孝明天皇の条約不許可の詔勅のもとに、欧米各国に修好通商条約の破棄を申し入れ、相手が承知しなければすぐさま戦争に及んでかまわないと主張したのである。これこそ日本が真に独立国であるならば、とるべき唯一の正論であり正道だったのである。文久三年（一八六三）、長州藩が断行した欧米に対する攘夷戦争は、松陰の対外認識を受け継いだ高杉や久坂の考えが根本にある。高杉はこうのべている。

「いずれ天下、戦争一始り致さずては外患去り申さず（欧米に対する攘夷戦争を行わない限り、欧米の日本侵略を阻止できない）」

実に鋭い洞察であり、やがて長州はこの道を突き進む。高杉は翌年、幕府で翻訳された『ペルリ提督日本遠征記』を読み、大憤慨している。ペリーは日本に軍事的威圧を加えて日米和親条約を結び、帰国後この書を出版、いかにして戦わずして日本を屈服せしめたか、自分の手腕を高らかに誇示した。戦争はしなかったが、日本を屈従させたので『日本遠征記』という書名をつけたのである。ペリーはこの書の中でこう明言している。

「もしも日本政府が協定を拒絶するならば、日本帝国の属国たる大琉球島（沖縄）をアメリカ国旗の監理の下に置こうと用意していた」

　日本が開国に応ぜず和親条約の締結を拒否するならば、アメリカは日本の領土である沖縄を占領し奪い取るつもりでいたのである。非西洋諸国を植民地・隷属国として支配する帝国主義国家の一つがアメリカであった。『日本の偉人物語』（1～4巻）でのべたように、欧米列強は日本を植民地・隷属国として臣従（家来として従属すること）・隷従（奴隷として従うこと）させることがその最終目的であったことを決して忘れてはならない。今日の日本人は鈍感だが、松陰や高杉・久坂らは彼ら欧米列強の腹の底を明確に見抜いていた。高杉はこうのべている。

「ああこの書、焼くべし。それ夷狄（欧米）は虎豹の質、あにこの書を待ちてしかる後知らんや。彼人面獣心、聖人の道を知らず、唯人の国を奪うを以て利をなす。厚利（厚い利益）もって人民にくらわし、妖教（キリスト教）もって人心をまどわす」

欧米列強並びに欧米人はまるで虎か豹のように非西洋諸国に襲いかかり、その国を支配し人々に残虐な振舞をする。それはこの『ペルリ提督日本遠征記』を読んではじめて知ることではない。世界の現実を見るならば明らかなことだ。欧米人は人間の顔はしているが、その心は虎や豹のような獣類と同じでまともな人間の良心を持っていない。彼らは東洋で伝えられてきた「聖人の道」（儒教の説く忠孝仁義の教え）をまるで知らない。ただただ他人の国を奪い取り支配することを国是（国家の方針）としている。その手段は通商貿易とキリスト教の布教である。通商貿易により欧米の目新しい産物を以てその国の人々の欲心を刺激し、キリスト教という思想的武器をもってその国民を惑乱洗脳（惑わし乱して精神思想を改造すること）し既存の民族宗教を撲滅する。これが『ペルリ提督日本遠征記』を読んで高杉が痛切に感じたことである。二十一歳の時だ。国を愛する一日本人として全く正常健全な反応であった。さらにこうのべている。

「アメリカがわが国に通商を求めた時、いきなり何もいわず江戸湾に侵入、浦賀沖に停泊して国書の受理を強要するのみならず、さらに内海に押し入り、勝手に上陸して沿岸の測量を行い、空砲をドンドン打ち鳴らして日本人を恐怖のどん底にたたきこむ無法と乱暴をほしいままにした。これらの行為を見るならばアメリカの野望は一点の疑いなく日本の併呑（侵略し支配すること）にあり、神国日本を奪い取らんとするところにあることは確実である。アメリカは軍事力の威嚇によりわが国を開かせ条約を結ばせた。神国日本はついにアメリカの悪辣な策略に陥り、国史上かつてない恥辱を受けた」

　高杉は松陰が村塾で語り尽した「夷狄の悪むべき所以」を、江戸に出てきて改めて思い知らされたのである。イギリス、フランス、ロシア、アメリカ等欧米列強の最終目的は、神国日本の併呑・征服・支配にあった。それを確信したからこそ志士たちは立ち上がり、命を捧げて神国日本・皇国日本を護り抜こうとしたのである。さらにこうのべている。

「欧米諸国が神州（神国日本）を侵略する策略を見るに、西は長崎港に入り（文化五年〈一八〇八〉イギリス船フェートン号が長崎港に侵入）、東はロシアが十八世紀後半から千島列島、樺太を襲い侵略行為を重ね通商を要求してきた。そうしてついに安政五年（一八五八）、欧米諸国に通商条約を強要されて横浜が開港された。欧米諸国は日本を侮蔑し踏みにじり傍若無人のやりたい放題である。今まさにわが国はイギリス、フランス、ロシアにより侵略を受け、事実上彼らの植民地と化して亡国の道を直進する隣国清の二の舞を演じようとしている」

断崖絶壁に追い詰められ谷底に墜落せんとしていたのが幕末の日本であった。高杉はこの年十月、刑死に遭う師松陰と全く思いを等しくして神国日本の運命を日夜焦慮（深く気をもみ思い悩むこと）し続けたのである。

上海での衝撃——シナの植民地化に震撼

松陰死後の万延元年（一八六〇）、文久元年（一八六一）の二年間、高杉は久坂らとともに松陰の遺した文章を心読し師の志を継承せんとする鉄心（固い決意）

を磨いた。久坂とよく議論したが、二人の交りは一層深められた。万延元年、二十二歳の時、上士井上平右衛門の娘雅と結婚した。またこの年、関東、信濃、北陸を遊歴し、笠間の加藤有隣、松代の佐久間象山、福井の横井小楠から教えを受けている。

高杉の第二の転機は文久二年(一八六二)の上海行である。幕府が上海に派遣した船に藩命により同船、同地を視察するのである。上海には五月から七月まで七十七日間いたが、そこで高杉が見たものは何であったか。それが清の植民地化という生々しい現実である。かつて強盛を誇った大清帝国は見る影もなかった。独立は有名無実であり、清はイギリス、フランス、並びにロシア(北方のウスリー江以東の沿海州を清から奪い取っている)の隷属国そのものの惨憺たる有様を呈していた。高杉はこう述べている。

「上海の形勢を観るに、支那人は尽く外国人の便役(便利・利益)となれり。イギリス、フランスの人、街地を歩行すれば、清人皆傍に避けて道を譲る。実に上海の地は支那に属すると雖も英仏の属地というもまた可なり」

上海は香港のようにイギリスに奪われてはいなかったが、実質的にはイギリスとフランスの支配する町となり、シナ人は英仏人に召使として酷使（こき使われること）されていた。それゆえ英仏人が道を歩けば、シナ人はみなかたわらに寄り、「ご主人様」に道を譲っていた。これを見て高杉は大きな衝撃を受けたのである。次にこうのべている。

「朝、五代（友厚、薩摩藩士）とともに英人ミュルヘットを訪う。ミュルヘットは耶蘇教師（キリスト教宣教師）、耶蘇教を上海市民に施す。ミュルヘットの常居する所に教堂（教会）と病院とあり。施医院といい、すべて西人（西洋人）教師の外邦（非西洋諸国）に施教（布教）する所に必ず医師を携う。士民に病いかつ窮者（生活に苦しむ者）あればその病者らをこの教えに入らしむ。これ教師の外邦に教えを致すの術なり。わが国の士君子（立派な武士）は予防せざるべからず」

欧米列強が非西洋諸国を植民地化する手段の一つは軍事力、もう一つがキリスト教を武器とする宗教的思想的侵略である。欧米の軍艦が海外に乗り出すとき必ずキリスト教の宣教師を伴うことは、島津斉彬（『日本の偉人物語４』）のところでのべた。キリスト教と宣教師は欧米列強の非西洋侵略に欠くべからざる思想的武器であったのである。そして宣教師は教会とともに病院を併置して病者を救い彼らを入信させた。人の国を奪い取るとともにその国の人々の精神をも虜にしてあわれな人民らに「神の愛」をほどこし、既存の民族宗教を絶滅せんとするのである。高杉は欧米列強のこの実に悪辣巧妙なやり方に怖じ気を震った。他人事ではなく、日本も全く同じ運命を辿りつつあると背筋の凍る思いがしたのである。

「わが神州にも早く謀（国を守る方針、対策）を為さずんば、ついに支那の覆轍を踏む（二の舞を演ずること）も計りがたしと思うことあり。この上海の繁盛なる所以（わけ）は畢竟（つまりは）外国人の繁盛をなすのみにて、支那人はただ外国人に使役せらるるのみなり。長髪族（太平天国軍）英仏と戦うを欲せず、ただ支那人と戦うを欲す。清朝、敵とするところの外国人の援兵を請い、おのが領地の賞罰（政治）も外国人に専らにせられ、港の税金も外国人に取り収めらるる等のこと……。実に廉恥払地（恥を知る心が全くないこと）、言語に堪えざるなり。支那の衰微せしこと隣国ながらその嘆（嘆き憂うこと）に堪えざるなり」

上海は西洋式の建物が立ち並び繁盛していたがそれは結局、イギリス人、フランス人の繁栄であり、シナ人は彼らにこき使われてそのおこぼれを頂戴しているだけであった。またこのとき、シナは太平天国の大乱（一八五〇～六四）のさなかにあった。これは満洲民族の清国王朝に対する漢民族の反乱である。弱体化していた清はこの乱を鎮定できず、英仏に依頼しその強大な軍事力を借りてようやく反乱をおさめることができた。自国内の反乱を自らの力で鎮圧できず、英仏の手をかりるということは、絶対にやってはならぬ独立国としての自殺行為であった。シナには昔から「夷（異民族）をもって夷を制す」という言葉がある。英仏をもって漢民族の反乱を鎮定したが、これが大間違いであった。国内問題につき自ら外国の介入・干渉を招きよせた結果、益々イギリス、フランスへの隷属化が進み以後亡国の度を一層深めるのである。清国人・シナ人には独立国の国民としての誇りと恥を知る心が全くなく英仏に奴隷として頤使（こきつかわれること）されていることに、高杉は心から嘆息し憂えたのである。

これまで日本人にとりシナは、孔子の儒教を生んだ手本とすべき文明国と仰いできた国であったが、高杉の見たシナにその面影は全く消滅していた。インドはすでにイギリスに征服されていた。シナもほとんど亡国状態である。わが日本もこのまま推移すれば間違いなくインド・シナの二の舞である。何としても直ちに神州日本を救う根本の方針・対策を打ち立てなければならないと固く心に誓うのである。時に二十四歳であった。

「破約攘夷」の藩是と攘夷戦争

松陰亡きあと松下村塾の同志をたばねて師の志を受け継がんと尽力したのは、松陰が最も愛した一番弟子久坂玄瑞であった。「暴れ牛」の高杉も久坂には一目も二目も置いて敬愛していた。その久坂が高杉が上海に出向いている間に藩の首脳部を動かして文久二年(一八六二)七月二十四日、孝明天皇の御心に遵い、欧米諸国と締結した修好通商条約を破棄して欧米を撃ち攘う攘夷戦争を実行するとの長州藩の根本方針（藩是という）が決定された。当時この藩是は「破約攘夷」「即今攘夷」（今直ちに条約を破棄して攘夷を行うという意味）と呼ばれた。明治維新成就にいたる最も重大な歴史は、実に長州のこの「破約攘夷」の藩是の決定といってよい。幕府が日米修好通商条約を「違勅調印」した直後から高杉が強硬に主張していたことが、四年後ようやく藩是となったのである。以後、長州藩はこの藩是を掲げて火の玉となって突進した。

日米修好通商条約がわが国の欧米への隷属化の第一歩であるとして断然調印を認められなかったのが孝明天皇である（『日本の偉人物語』1、2巻の坂本龍馬・吉田松陰のところでのべた）。その孝明天皇の御心を深く体して命を捨ててこの「違勅調印」の不平等条約破棄に立ち上がったのが吉田松陰である。松陰の志を継承する久坂・高杉ら松下村塾生にとり、「破約攘夷」こそ彼らのよって立つ全てであり命であった。これが理解できないと長州藩の「狂気」に満ちたその後の尊皇攘夷運動がわからないし、明治維新を真に理解できないのである。高杉や久坂は日本が欧米の隷属国となることから免れ真の独立国として存立するためには、どうしても「違勅調印」の不平等条約を破棄せねばならず、その為には攘夷戦争を断固実践するしかないと覚悟したのであった。長州ではこの「破約攘夷」推進の不動の決意を「君臣湊川」と言った。藩主も藩士も湊川で死戦した楠木正成の決意と行動に習って一体となって進むという意味である。

上海から戻った高杉はもう以前の高杉ではなかった。高杉は松陰死後、父から「他の松陰門下生らと謀って師の汚名をそそぐようなことをせず、彼らと絶交するよう」命ぜられていた。お家大事の藩大半の人々から松陰門下生が「乱民」としていかに危険視されていたかわかる。しかし高杉はもうこれ以上おとなしくしていられなかった。高杉の本格的活動は上海行から亡くなるまで約五年間である。

高杉は攘夷を実践すべしとして久坂らと語らって手はじめに行ったのが、文久二年十二月、品川御殿山に新築中のイギリス公使館焼打である。イギリス・フランス・ロシアら列強はシナでやりたい放題をやったが日本でも同様、日本人を蔑みわがもの顔で振舞った。彼らにすればシナ人も日本人も同じ非西洋人の劣等人種でしかない。幕府は欧米に対して全く頭が上がらず、まるで彼らの使用人の如く言いなりで、公使館にそれまで江戸の庶民が桜の名所として慣れ親しんできた御殿山を提供した。庶民たちは桜の名所を奪われて不満たらたらだった。今日の目からするなら暴挙と思われるかもしれないが、そもそも高杉らは欧米との修好通商条約を無効として断じて認めなかったから、このイギリス公使館焼打は高杉らにすれば筋の通った行為であったのである。現在の視点で過去の歴史を裁いてはならない。

そうして文久三年（一八六三）五月から六月、ついに長州藩は攘夷戦争を断行するのである。これについては坂本龍馬（『日本の偉人物語1』）のところでものべたが、徳川幕府は長州が主張する「破約攘夷」にやむなく応じ、攘夷の期限を文久三年五月十日と朝廷に奉答、朝廷はこの日をもって「醜夷（欧米）を掃攘（撃ち攘うこと）すべし」の勅命を布告した。長州藩は幕府の決定そして朝廷の命令に従って馬関（下関）において攘夷戦争を行ったのである。決して長州が自分勝手に行った「暴挙」ではなく、大義名分（立派な道義の上に立つこと）の上に立つ正々堂々の民族自立のための祖国防衛戦争であったのである。

この長州藩の断行した攘夷戦争の重大なる意義について、これまでわが国の学者・知識人はほとんど誰も高く評価する者はいなかった。無法・無謀・無茶な排外運動と見なしてきたが大間違いである。長州藩はこの戦いに敗れ、翌年の四国（英仏米蘭）連合艦隊との戦いにも敗北を喫した。しかしこの両度の戦いは決して無意味・無駄・無益ではなかった。いなそれどころかこの攘夷戦争を敢行したことが結局、日本の隷属化・植民地化を阻止する礎となったのである。欧米

『馬関戦争図』（部分）藤島常興筆、下関市市立歴史博物館収蔵

列強はその強大な海軍力をもって下関沿岸の長州藩の砲台を打破り一時海岸を占領した。しかしそのあと陸上戦を行い長州を全面的に屈服させる自信は全くなかった。島津斉彬（『日本の偉人物語4』）のところでのべたように、もし陸上戦を行えば欧米軍は全滅の憂目を見たであろう。

結局、攘夷戦争を実行したのは、長州と薩摩の二藩だけであった。長州は英仏米蘭四国、薩摩はイギリス相手である。国力・軍事力・経済力・科学技術等天地の懸隔ある（非常に差があること）欧米列強に対して長州、薩摩はあえて戦った。これに対して幕府は、ペリー来航以来、独立国としての毅然たる姿勢をただの一度も示すことなく無抵抗で戦いを放棄して見るに堪えない屈従・屈服を重ねた。これが幕府が滅び去った根本的理由である。長州と薩摩が明治維新成就の核心を担い得たのは、この攘夷戦争を断行したからである。吉田松陰在天の霊は久坂・高杉らを鞭撻して（努力するように励ますこと）やまなかったのである。

奇兵隊の結成

長州藩は「君臣湊川」の決意のもと「破約攘夷」の戦いを実行した。これがその後の長州の運命を決した。明治維新の成就まで五年、長州は名状に尽しがたい試練に次ぐ試練、挫折に次ぐ挫折を乗り越えて戦い抜いた。

馬関戦争（馬関とは下関のこと。攘夷戦争のことをこう呼んだ）の敗北は長州を窮地に追いこんだ、四国（英仏米蘭）艦隊の来襲（翌元治元年〈一八六四〉）は必至と考えられた。そこで長州藩主父子は国防体制を強化するために、高杉を起用して一任した。藩主父子はかねて長州を担うべき人材として高杉に期待していた。二十五歳の時だが、ようやく高杉は出番を迎えた。

馬関戦争において奮戦したのは久坂玄瑞を中心とする松下村塾出身の身分の低い人々であった。上士・中下士らにより編成された長州藩正規軍は士気低く弱体を暴露した。二百数十年間の平和の下に安眠を貪ってきたから骨が軟らかくなっていたのである。久坂らの部隊は下士・足軽・中間・庶民たちだが、幹部は吉田松陰の精神がたたきこまれていたから正規軍に優る戦いを行った。ここに着目して文久三年（一八六三）六月、高杉が結成したのが「奇兵隊」である。高杉は下関の豪商で以後高杉ら長州藩正義派の尊皇倒幕運動を物心両面から強力に支援した志士白石正一郎の邸宅で、入江杉蔵（松下村塾四天王の一人）らと協議を重ねて数日のうちに奇兵隊を編成した。

奇兵隊は長州藩士中の下士・足軽・中間などを軸に身分を問わない武士と庶民混成の「有志の者」の部隊であった。長州藩の正規軍すなわち「正兵」に対するものだったから「奇兵隊」と名づけ、正兵隊の力及ばぬところ、足らざるところを補い助ける戦闘集団として、高杉は奇兵隊総管（総督と同じ意味）に任命された。同時に長州藩政府の政務座役（藩の家老に次ぐ重役）に登用された。高杉総官を支えたのが村塾で久坂・高杉に次ぐ人物であった入江杉蔵である。

高杉は隊旗を二本定めた。一つは竪旗で記された文字は、「忠義填骨髄（忠義骨髄に填むとよむ）」、もう一つは横旗で「菅原大神」である。菅原大神とは菅原道真である。平安期の代表的政治家であり大学者・大詩人であり、天皇・朝廷に忠誠の限りを尽した名臣であったが、高杉が楠木正成とともに最も尊敬した日本人である。

奇兵隊はこのあと続々と結成される諸隊の中核として、禁門の変、四国連合艦隊との戦い、大田・絵堂の戦い、四境戦争、戊辰戦争において善戦健闘、明治維新成就の礎となる働きをするのである。

高杉は実質的に長州藩の大黒柱だから、奇兵隊総官として長くはとどまらず、責任者はやがて山県有朋がつとめる。しかし奇兵隊といえば誰もがすぐ高杉を思い浮かべた。「奇兵隊の高杉」であり「高杉の奇兵隊」であった。長州藩の存亡いな皇国日本の存亡をかけて戦った四境戦争の事実上の長州軍総司令官は高杉であり、高杉はこの奇兵隊を始めとする諸隊を統率して幕府諸藩の連合軍に打ち勝ったのである。高杉は「奇兵隊開闢総督」であったことを誇りとして一生を閉じることになる。

3、長州を立直した高杉の獅子奮迅

松陰の志を継ぎ倒幕に立ち上がる松下村塾党

長州藩が「破約攘夷」の藩是のもと勅命（天皇の命令）を遵奉（深く従うこと）して攘夷戦争を断行した文久三年（一八六三）は、明治維新の歴史のなかばにおける最も重要な年であった。志士たちはすでに徳川幕府に見切りをつけていた。幕府はまずペリーの軍事的威嚇に腰が砕け完全に屈服、「城下の盟（全面的に降伏すること）」を余儀なくされて日米和親条約を結んだ。次いでハリスが来日、幕府は再び屈服してその後、半世紀以上わが国を苦しめる不平等条約である日米修好通商条約を「違勅調印」した。

　こうした徳川幕府の政治・外交は隷属国の行うものであり、断じて独立国としてあるまじきものであった。それは吉田松陰が最も憂慮し深く心痛したことである。『日本の偉人物語2』で引用した松陰の文章を再び掲げよう。

「今は即ち膝を屈し首を低れ、夷（欧米列強）の為す所に任す（言いなりになる）。国の衰えたる古よりいまだかつてあらざるなり。外夷（欧米）悍然（猛烈な勢い）として来りせまり、赫然（勢い盛んなこと）として威を作す（威嚇する）。吾即ち首を低れ気をとめ、通信通市（開国し貿易を行うこと）ただその求むる所のままにして敢て（決して）これに違うことなし（アメリカの要求を全て受け入れること）。国の存するや自ら存するなり。豈（どうして）外に待つことあらんや。外に待つことなし。豈外に制せらるることあらんや」

「外に待つ」「外に制せらるる」というのは、自らの意志で決定すべき国家の重大事を、外国の脅迫・軍事的威嚇により決定させられたという意味である。それは独立国家の行うべき政治外交ではなく、隷属国の強制された恥ずべき行為と松陰はのべているのである。これは日米和親条約が締結された時の言葉である。その後も幕府の欧米屈従の隷属国的体質は全く少しも変らなかった。そのまま推移すれば日本は間違いなくインド・シナの二の舞を演じて滅んでしまうと志士たちの憂慮が頂点に達したのが、文久二・三年(一八六二―六三)頃である。久坂や高杉の現状認識・危機意識は師松陰譲りである。松陰刑死後、ますます恩師の先見の明の正しさ、卓越した洞察力に深く頭を垂れて、松陰の志の継承と実現に一丸となって突き進んでゆくのである。その先頭を切ったのが松陰が最も愛した後継者・村塾第一の人物久坂玄瑞である。

文久二・三年、元治元年(一八六二―六四)時の長州藩を引張った中心的指導者は久坂であった。既述したように文久二年の「破約攘夷」の藩是の決定は、久坂の尽力の賜物であった。久坂はこのとき二十三歳、実に大した人物で、さすがの高杉も久坂にだけは全く脱帽していた。文久二年のころ、志士達は明確に倒幕を決意していた。志士達が徳川幕府の政治外交では到底日本はもたない、立ちゆかないと強く思い始めたのは、幕府の違勅調印と大老井伊直弼による専制独裁政治からである。それまでは、「公武合体」（朝廷と幕府が協力し合うこと）の運動が主流であったが、それを自らぶち壊したのが井伊である。

　尊皇倒幕運動の中心に立ったのは久坂を始めとする長州の松下村塾党、そのほか久留米の真木保臣、筑前の平野國臣らである。久坂や真木・平野らは文久三年（一八六三）を期して攘夷と倒幕を断行せんと企てるのである。そのやり方は、孝明天皇が大和の国に行幸して神武天皇陵において攘夷を祈願しここから幕府に攘夷決行の勅命を下す。もし幕府が受け入れなければ諸大名に将軍追討（討手をさしむけて征伐すること）を命じ、政権を朝廷に回復して、天皇が陣頭に立ち欧米諸国に対して攘夷の戦いを決行するというもので、これを「攘夷親征」と呼んだ。欧米に対する攘夷戦争と倒幕を同時に挙行せんという企てであった。

　今日の目から見るならこの倒幕運動はいかにも性急で無謀、拙劣、乱暴なやり方と思われるかもしれないが、現在の立場で見、頭で考えてはならない。幕府が孝明天皇の勅命に従わずアメリカに屈従して「違勅調印」した時、わが国は独立国家としての実体を失い事実上、欧米の隷属国に転落していた。日本はインド・シナ同然の亡国の道をまっしぐらに進んでいたのである。インド・シナの二の舞は時間の問題と思われた。一刻も猶予はならず祖国の墜落を阻止しなければならない。志士たちがこう真剣に思い詰めたのは全く当然であった。

志士達の最初の倒幕への蹶起は文久二年(一八六二)である。しかしこれは失敗して薩摩藩の有馬新七ら数名の志士が悲惨な死を遂げた(「寺田屋事件」)。そうして翌文久三年、再び立ち上がろうとしたが、それがいまだ勢力を失っていなかった公武合体派の仕組んだ「八・一八政変」によって失敗、挫折の憂目を見るのである。

禁門の変——血盟の友、久坂・入江らの戦死

八・一八政変の結果、朝廷に対して強い影響力を持っていた長州はその勢力を大きくそがれた。また久坂や真木と結んでいた三条実美ら七人の攘夷倒幕派の

公家が失脚、都落ちして長州に退いた。三条ら七卿は朝廷に逆らったとして官位を剥奪された。

長州藩は毛利元就以来、「勤皇（天皇に忠義を尽すこと）」の藩としての誇りがあった。それゆえ吉田松陰のような人物が生まれた。その松陰の志を受けついだ久坂や高杉らが全国三百藩の先頭に立って勅命（天皇の命令）を奉じて攘夷戦争まで行った。長州はいかなる藩よりもこれまで天皇・朝廷に忠誠を捧げてきたという自負心があったから、この公武合体派による八・一八政変に断じて承服できなかったのである。この政変は「君側の奸（天皇のまわりにいる悪辣な公家など）」による策謀に違いないと思った。そこで長州藩はこの君側の奸を除き、朝廷の政治を正し、長州の勢力を回復する決意を固め、兵力を率いて上京、長州の正論を朝廷に強く訴えたのである。それはこれまで長州が一貫して勅命を奉じ、叡慮（天皇の御心）を重んじて行動し、いささかも朝廷及び幕府から咎めを受ける理由はないという主張であった。

しかしそれは受け入れられず、元治元年（一八六四）七月十九日、長州は幕府・

会津藩・桑名藩・薩摩藩などの連合軍と武力衝突して敗れるのである。これを禁門の変と呼んだ。この時、血盟の同志たる久坂玄瑞と入江杉蔵が戦死した。高杉にとり久坂は無二の盟友であり、入江は最も信頼した親友であった。久坂と入江は維新の四年前に亡くなったから今日の人々に忘れ去られているが、その人物・才幹は傑出しており、今少し長命であったなら明治政府の最もすぐれた首脳の一人となり得た人物であった。

この時、高杉が死を免れたのはわけがあった。本来なら高杉も久坂とともに戦死しているところであった。長州藩が京都に出兵する時、賛否両論があり、久坂と高杉は「進発論（長州の正論を朝廷に認めてもらう為に兵力を伴い一戦を覚悟して上京するという考え）」に反対していた。高杉は藩主の命令で進発論者であった来島又兵衛を説得したがうまく行かず、進退に窮して復命をせず京都に走って久坂らと協議した。しかしその行為を咎められて野山獄に八十日間入れられたあと自宅の座敷牢に移された。この座敷牢で久坂や入江の死を知らされるのである。高杉は二人の死に慟哭（深く涙すること）した。そうして自分一人が生き残っていることを心から恥じかつ悔いるのである。高杉は松陰の兄、杉梅太郎に手紙でこうのべている。

「この節は毎夜、秋湖(久坂のこと)兄を夢に見候」

高杉は座敷牢の中で毎晩、久坂の夢を見続けたのである。毎夜同じ人の夢を見るのは、よくよくのことである。いかに親愛する人でも毎晩夢に見られるものでない。よほどその人を深く敬愛し思い続けなければそうはならない。高杉は長州にとり今もこれからも最も重要なこの無二の親友を失ったことを心から深く嘆いたのである。久坂が高杉ら同志からいかに重んぜられたかもう少しのべよう。伊藤博文は高杉に引き立てられた子分・弟分だがこう言っている。

「長州第一の人物は久坂」

伊藤は大久保利通死後、明治政府の第一人者・元老の筆頭として権勢を奮った。我こそ今日第一の人物として自信満々の伊藤はめったに他人を賞めなかったが、親分の高杉よりも久坂を長州第一の人物と見ていたのである。「維新の三傑」の一人・木戸孝允は、「真の知己は久坂と高杉の二人限り」とのべている。

木戸は二人より六つ七つ年上だが、二人を長州を代表する人物として敬愛していたのである。

久坂と入江そしてもう一人吉田稔麿（元治元年の池田屋の変で亡くなる。高杉とこの三人が村塾の「四天王」とよばれた）が元治元年、一挙に亡くなり高杉一人が生き残ったのである。このときの高杉の胸のうちはいかに。「久坂・入江・吉田、すまぬ。本来一番先に死ななければならない私が死にそこない生き恥をさらしている。まことに申訳ない」との思いであった。しかし高杉がもしここで戦死していたら、その後の長州はありえなかったであろう。生き残ったのは神のはからいであったというしかない。

四国艦隊との講和談判——彦島租借要求を断固阻止

弱り目に祟り目で禁門の変に敗北した翌八月、英仏米蘭の四国艦隊十七隻は下関に来襲し海岸の諸砲台に砲撃を加えた。高杉の結成した奇兵隊は勇敢に戦ったが敵対しえず、四国側は上陸、諸砲台は陥落、長州は再び敗北した。

その結果、長州藩は四国と講和するが、その交渉の正使に少し前に座敷牢から出された高杉が任命された。敗北した長州に四国側は莫大な賠償金その他無法な要求をしてくるに違いないから、誰も正使を引受けることをいやがった。このような困難な交渉をやれるのは高杉以外にないと引っ張りだされたのである。

高杉は決死の覚悟で臨んだ。相手の不当な要求は死をもって拒絶する気持でいた。その覚悟が自然に表情ににじみ出た。この交渉の場にいたイギリス人の外交官アーネスト・サトウ（明治時代、駐日公使となる）は、高杉の態度はどちらが勝者かわからないような傲然たるもので、悪魔のような恐ろしい表情だったと記している。この態度、この気魄こそ高杉の本領であり、高杉の高杉たる所以である。

案の定、四国側は多大な賠償金を要求した。高杉は、長州は朝廷及び幕府の命令に従い武力を行使したのであり、長州藩の私意でやったものではない。従ってビタ一文支払わないと強く拒絶しとうとう不払いを貫いた。

もう一つは、彦島（下関のすぐそばの小島）の租借（期限をつけて外国領土を自国領土とすること）要求である。高杉は古事記の神話から説き起こし、伊邪那岐・伊邪那美二神の国生みに初まったわが国において、「本来、日本の地は寸土といえども朝廷のご所有、幕府・諸侯は単にお預かりしているにすぎぬ。私意を以て軽々しく処置することはできぬ」と厳然と言い放った。そうして四国があくまでも彦島を要求するなら、長州は死力を尽して戦うのみと告げた。高杉は口先だけでこう言ったのではない。長州本土での決戦を深く覚悟してこう返答したのである。すると高杉の決死の覚悟を見て取った四国側はこの要求をあっさり引っこめた。

軍事力は彼らが圧倒的に上回る。しかし上陸して戦うには四国合わせて兵力は数千人しかない。長州藩が全力をあげて戦う地上戦になると、兵力・弾薬・食料を十分に補給する体制がない限りとても戦えず、最後は全滅あるのみである。四国は結局、賠償金も彦島も諦めるほかなかったのである。この時、通訳したのが伊藤博文だが、伊藤はこの談判につき明治四十二年、下関から船で韓国に渡る途中、彦島にさしかかったとき、随行していた人々にしみじみこう語っている（伊藤はこのあとハルビンで暗殺される)。

「今にして思えば危ないところだった。高杉がいなければどうなっていたか分らなかった。実力の差からいって、先方があくまでも要求してきたらどうすることもできなかったろう。彦島は香港や九龍と同じ運命に陥っていたかもしれず、まことに慄然(震えるような恐しさ)たる思いがする」

その場にいあわせた生き証人の言葉である。敗戦という不利な立場にあって、高杉の戦いを覚悟した先の一言が言えるかどうかである。高杉だから出来たことであり、他の人ならばとてもこうした決死的勇気はなかったのである。もし彦島が取られたら香港のように百年以上植民地とされたであろう。実に危いところであったのである。高杉は外交の妙所(大切なきわどい所)、コツ(かんどころをつかむ呼吸、急所)を心得た天性の外交家であり、徳川幕府の土下座・屈従外交の正反対をやり祖国を守り抜いたのである。敗北はしたものの、長州藩が攘夷戦争を断行した勇気があればこそわが国は辛うじて独立を堅持し明治維新を成就し得たのである。もし攘夷戦争を行わなかったならば、わが国はいながらにして亡国の運命を辿ったことは必至である。

日本の運命を決した功山寺挙兵——高杉の大胆勇・大決断

長州藩は文久三年(一八六三)から慶応二年(一八六六)までの四年間、絶体絶命の存亡の危機にあった。明治維新を成就する為に長州ほど数々の言い知れぬ苦難を経た藩はほかにない。薩摩藩も長州藩以上ではない。初めからあげると、(1)吉田松陰の刑死、(2)攘夷戦争の敗北、(3)八・一八政変による勢力失墜、(4)禁門の変の敗北と久坂らの戦死、(5)四国艦隊の来襲による敗北、(6)第一次長州征伐における謝罪・恭順、(7)幕府に屈従する俗論党の藩政支配、(8)高杉の乾坤一擲の功山寺挙兵、(9)大田・絵堂の戦い(俗論党政府軍との戦い)、そして(10)四境戦争である。困難と挫折と試練の連続であった。ほかの藩であれば一度ならず二・三度滅亡していたところである。

ことに文久三年(一八六三)・元治元年(一八六四)のわずか二年の間に、朝廷・

幕府と欧米にかかわる大事件が六つもたて続けに生起して、長州藩は断崖絶壁の窮地に追いこまれるのである。禁門の変で久坂・入江らを失い、第一次長州征伐においては正義派の有志が処罰され、高杉も命を狙われて一時、福岡の女性志士・野村望東尼のところに身を隠した。長州藩は皇国日本の運命に無関心な幕府追随のお家大事派により藩政が支配された。

松陰すでになく久坂・入江・吉田が倒れ、あとに残る指導者はもう高杉しかいなかった。

「松陰先生そして久坂ら盟友が命がけで戦い抜いてきた長州の尊皇攘夷・尊皇倒幕運動は、自分が立たねばここで終ってしまう。どうしてもいま自分が立ち上がらなくてはならない」

高杉はこう決意して福岡から舞戻り元治元年(一八六四)雪の降る十二月十五日、長府(下関市)の功山寺で挙兵するのである。その前後の高杉の心の奥底を示す言葉と和歌がこれである。

朋友ことごとく忠死（天皇と祖国に忠誠を捧げて亡くなること）、私一人生を偸む（盗む）。あに愧（恥）じざらんや（どうして恥ずかしくないことがあろうか）。しかれども国（長州そして皇国日本）の大艱難、また心を尽さざるを得ざるなり。

弔はる　人に入るべき　身なりしに
　弔ふ人ぞ　なるぞ恥づかし

※本来ならば自分が真先に戦死して弔われるべき松下村塾党の中心者なのに、あとあとまで生き残って弔う側になっていることがまことに恥ずかしい。

はづかしと　思ふ心の　いやまして
　なほらひみきも　酔ひ得ざるなり

※師松陰、久坂らの慰霊祭のとき直会の酒をのむが、後に生き残っている恥ずかしさのため飲んでも酔うことができない。

後れても　後れてもまた　君たちに
　誓ひしことを　吾忘れめや

※立ち上がることが遅れたが、松陰先生と久坂ら血盟の同志と誓い合った尊皇倒幕の志は絶対に忘れることはない。

いまさらに　何をか言はむ　おそ桜
　ふるさとの風に　ちるぞうれしき

※遅桜の自分は父から過激なことを決してやってはならぬと言われ続けてきたから散るのが一番遅れたが、今こそ長州のため日本のために命を捧げて見事に散ってみせよう。

右の文章と四首の歌に稀世（世にまれなこと）の英傑、高杉晋作という人物の真面目を見ることができる。高杉心底の願いは、師松陰と久坂ら同志の志をしっかり受け継ぎそれを実現することであり、あの世に行ったとき師と同志の前で「先生、久坂君、何とかやり遂げることができました」と言える自分でありたいとの一念である。

十二月十五日、高杉は長府（下関市）の功山寺でわびしくすごす三条実美ら尊皇倒幕派の公卿に別離の挨拶をした。

「ただいま我々は立ち上がります。お別れに盃を下さい。これより長州男児の肝玉をご覧に入れます」

これが功山寺挙兵と呼ばれる明治維新の華・劇的場面の一つである。このとき高杉は下関の豪商白石正一郎の弟・大庭伝七に自分がこのたびの蹶起で戦死するのは間違いないことだから、そのとき墓を建ててほしいとこう書いている。

「弟事（高杉自身のこと）もいまだ死処を得ず、赤面の至り（とても恥ずかしいこと）にござ候。赤間関（下関にある）の鬼と相成り討死致すの落着にござ候間（討死することは確実ですので、という意味）、別紙の通り碑をお建て下され候よう御面倒ながら頼み上げ奉り候。弟事は死んでも恐れながら天満宮（菅原道真、高杉が楠木正成とともに最も尊敬する人物）の如く相成り、赤間関の鎮主（守護神）と相成り候志にてござ候。

表　故奇兵隊開闢総督高杉晋作　則西海一狂生東行墓　遊撃将軍谷梅之助也

裏　毛利家恩古臣高杉某嫡子也」

高杉はこの蹶起に生還を期していなかった。戦死は確実と思った。だからふだん心を許す大庭伝七に死後自分の墓を建ててほしいと依頼したのである。墓の文面を見てわかるように、高杉のひそかな誇りは奇兵

功山寺山門（山口県下関市）

高杉晋作挙兵像（功山寺境内）

隊をつくり上げた初代総督であったことである。

しかしこの時、高杉について立ち上がったのは伊藤博文の力士隊と遊撃隊などわずか八十人ぐらいだけだった。高杉の創設した奇兵隊ほか諸隊の多くは、いまは正義派の形勢を不利とみて蹶起をためらうのである。高杉の挙兵を多くの人は暴挙と見、高杉一党を「暴挙党」とまでよんだ。

高杉は成算、勝算があって立ち上がったのではなかった。成算を度外視して立ったのである。勝算は全くなかったが、今立ち上がらねば日本は滅び去るしかないと思った。決死・必死あるのみであった。自分は必ず討死する。しかし自分が死をもって行動するなら、必ず私の屍を乗り越えてわが志を受け継ぎ奇兵隊始め諸隊の同志が立ち上がってくれるに違いないと信じたのである。

高杉はこのとき初めて恩師松陰の心をしみじみ理解できた。松陰は幕府が日米修好通商条約を違勅調印した時、日本が絶体絶命に陥ったとして死を覚悟して立ち上がろうとしたが失敗した。その時、久坂と高杉は成算なしとして反対した。いま高杉が立ち上がろうとしているとき、多くの同志は「暴挙」として反対している。「先生は私達に死をもって教えてくれた。自分も後に続く人々を信じて死をもって立ち上がろう」　この高杉の蹶起による功山寺挙兵が結局、形勢を逆転、長州を蘇らせ明治維新を導く確固とした礎となったのである。まことに高杉は類いなき大胆勇、大決断の真の英傑であったのである。この時代、この大胆勇と大決断をもった志士はほかに西郷隆盛がいるばかりである。

俗論党政府打倒

十二月十五日、高杉は百人足らずの小部隊を率いて出撃した。高杉は十六日早朝、下関にある藩の役所を襲撃、駐在する役人を追放した。続いて小舟で三田尻(防府市)に行き、碇泊中の藩の一軍艦を奪取した。

俗論党政府はこの高杉の挙兵に驚き狼狽、直ちに武力を以て諸隊を鎮圧せんとしてまず十二月十八日、正義派の主だった者七人を野山獄に投じ翌日、斬罪に処するという暴虐な措置をとり、二十五日、諸隊討伐の出兵を布告した。

ここにおいてそれまで高杉の呼びかけに応じなかった奇兵隊始め諸隊は、年の暮れから正月初めにかけて俗論党政府の正義派に対する過酷な弾圧に対してようやく立ち上がるのである。

こうして慶応元年(一八六五)一月七日から二月下旬まで諸隊と俗論党政府軍の戦いが行われた。最も大きな戦いが七日に始まった大田・絵堂の戦いである。兵力・武器ともに政府軍が圧倒的に優勢であったが、諸隊の士気は高く政府軍を打破った。高杉は十四日ごろ大田方面に駆けつけ諸隊と合流し、奇兵隊を率いる山県有朋ら諸隊長と協議しつつ全軍をたばねた。

政府軍は敗退を重ねた。諸隊は萩に向って進撃した。高杉は軍艦を萩の海上に回し空砲を打ち鳴らして示威運動を行ったから、人々は恐怖におののき萩の町は大混乱に陥った。こうして萩は諸隊の制圧するところとなった。俗論党政府は勢力を失墜し壊滅、首領以下十二人は処罰され二月二十二日、藩内戦は終結した。

かくして長州藩は、幕府に「絶対恭順」の俗論党が一掃されて、正義派の政府が復活「武備恭順(厳重に武装して幕府がもし不当無法な要求をしてきた場合断然拒絶して戦争を辞さない）」の藩論を決定するのである。わずか二ヵ月余りの出来事であったが、長州藩が本来の姿を取り戻すことができたのは、全く高杉の乾坤一擲（天地をひっくり返すような行為）の蹶起があったからである。危機・国難において真に時勢を判断し時機を誤らず勇気を奮って行動に出ることは至難の業である。誰もが躊躇逡巡するときに、高杉は敢然と立ち上がった。そこが英雄と普通の人の違いである。国家民族にとり何が大事かといえば、危機・国難において祖国を真に救いうる偉大な人物を持ちうるかいなかである。明治維新においてはそのような人物が確かに存在したことが、近代世界史の奇蹟たる日本の独立と新生をもたらしたのであった。

4、心身を燃やし尽した長州の大守護神(だいしゅごしん)
――維新の礎(いしずえ)となった四境戦争(しきょうせんそう)の勝利

倒幕へ――挙藩一致(きょはんいっち)の決戦体制

徳川幕府に対して「絶対恭順(ぜったいきょうじゅん)（幕府に刃向(はむか)わずに平身低頭随順(へいしんていとうずいじゅん)し毛利家(もうりけ)を守ること）」の俗論(ぞくろん)党政府を打倒した長州藩は、高杉晋作(たかすぎしんさく)の鬼神(きじん)のごとき働きにより正義派の手に帰(き)した。そうして長州藩はここに「武備恭順(ぶびきょうじゅん)」を藩是(はんぜ)とした。

徳川幕府は第一次長州征伐に戦わずして屈服した長州藩に対して、更(さら)に追い打ちをかけ厳しく処罰しようとした。長州藩主父子の責任を追及し、藩主及び世子（藩主の跡継ぎ）をその地位から去らせ、領土を大きく削減し長州を二度と立ち上がらせず、最終的には長州藩を滅ぼすつもりでいたのである。

　長州藩はこのような幕府に対していながらにして滅亡するか、断然一藩をあげて戦い抜くかの二者択一を迫られたのである。長州は文久三年（一八六三）から危機がたて続けに生起したが、慶応元年（一八六五）、俗論党との藩内戦が終り、正義派が幕府に対して堂々と「武備恭順」を掲げた時、最大の危機・国難を迎える。「武備恭順」とは事実上の幕府への抵抗宣言であり、挑戦状であった。

　長州は文久二年（一八六二）、「破約攘夷」を藩是として欧米との修好通商条約を破棄し列強に対する攘夷戦争を決意し翌年これを実行した。そうしていま慶応元年（一八六五）、「武備恭順」を藩是として徳川幕府と戦うことを覚悟し、翌年これを実行した。欧米に断然戦いを挑んだ長州が、欧米に「絶対恭順」しひれ伏した幕府と戦うに至ったのは思えば不可避の運命であったと言えよう。前者を推進したのが久坂玄瑞であり、後者が高杉晋作である。師松陰の志を松陰が最も期待した村塾の双璧が、師友の尊い屍を乗り越え相次いで受け継ぎ行ったのである。実に見事な師と弟子であった。弟子をかくも導いた吉田松陰という人物がいかに偉大であったか、つくづく思い知らされるのである。かくして長州は高杉を最高指導者として、倒幕へ挙藩一致の決戦体制を確立するのである。長州がとるべき道、進むべき道はこれ以外にありえなかった。ここに至るまで長州は困難と挫折と試練を嘗め尽し、吉田松陰、久坂玄瑞、入江杉蔵、吉田稔麿ら将来日本の指導者となるべきかけがえのない師と弟子が命を捧げたのである。

　しかし神はこの未曾有の国難において、高杉を死なさずに生かした。この時二十七歳の高杉は恩師松陰と盟友久坂らの国家を思ってやまぬ魂と常に一体であった。そうして高杉を支えたのが木戸孝允・広沢真臣・大村益次郎・前原一誠・井上馨・伊藤博文・山県有朋らの諸雄である。高杉はこれらの人物の上に立つ唯一無二の長州の大黒柱・大守護神であったのである。

　幕府は幕命を拒否する長州を再征することに決した。慶応元年（一八六五）閏五月、第十四代将軍徳川家茂は大坂城に入り、ここを長州征討の本営と定めた。公武合体派に牛耳られていた朝廷は同年九月、長州再征の勅命を家茂に与えた。

長州が強大な幕府軍と戦って敗北せぬためになさねばならないことが二つあった。兵制改革と薩摩との提携である。まず兵制改革は大村益次郎の指導のもとに、西洋式兵制に一新した。全藩士に性能の高い最新の西洋式小銃を持たせた。また西洋式軍艦を数隻購入した。こうして近代的兵制のもとに軍事演習に全力を上げた。

一方薩摩との提携つまり薩長同盟は、土佐の坂本龍馬・中岡慎太郎、筑前勤皇派志士らの尽力、西郷隆盛の長州への厚い同情などにより、慶応二年（一八六六）正月、成立にこぎつけた。これは秘密裡の同盟であり、幕府は気づかなかった。徳川幕府は長州再征において西国諸藩に出兵を命じたが、薩摩が長州再征を不義不正の戦いとして頑として出兵を拒絶したのは薩長同盟がすでに成立していたからである。

四境戦争——幕府はなぜ長州再征の愚挙に走ったか

明治維新に至る歴史において最も重要な一つが四境戦争（長州では四方面で戦ったのでこう呼ぶ。幕府側から見ると第二次長州征伐・長州再征）である。もし長州がこの戦いに敗れていたなら明治維新はありえなかったであろう。長州の大守護神・高杉晋作が血を吐きつつ戦い抜いた日本再生の礎となった歴史的戦闘である。

第二次長州征伐は結局、幕府の凋落・衰亡のきっかけとなり命取りとなった。今日の目から判断するならばやらなければよかった戦いである。なぜ幕府は自らの首をしめる愚かな過ちを犯したのであろうか。しかしそれも歴史をあとから見るから言えることであり、当時の幕府は負けるはずがない、絶対に勝てると思ったからこそ始めたのだ。

当時、幕府首脳の考えはこうであった。徳川幕府を永久に存続させるという基本方針のもとに、万延元年の桜田門外の変以来かげりを見せている幕府の権力を強化する為に、全国三百藩を廃絶して郡県に変え権力を中央（幕府）に集中し強大な統一国家に改める。征夷大将軍を言わばアメリカのような大統領にして国家の中心におく。天皇・朝廷は亡きもの同然にする。このような恐るべき方針・策謀を立ててまず長州藩を討ち滅ぼし次に薩摩藩、そうして全ての藩を廃絶しようとしたのである。

つまり幕府主流派の考えは、日本の中心は天皇・朝廷ではなく、あくまで徳川幕府とする幕府本位であり、幕府至上主義・幕府絶対主義であった。この「徳川絶対主義」構想の中心に立ったのが、外国奉行・軍艦奉行・勘定奉行などをつとめた小栗忠順である。当時の記録は小栗らの魂胆をこう記している。

「夷人（フランス人のこと）へ頼み、天子（天皇）を亡ぼし諸侯を亡ぼし（藩をなくすこと）、天下郡県の世となし、大樹公（征夷大将軍）を以て天下大統領となし……。これはみな（小栗だけではなく老中から幕府首脳）その説にて、夷人（フランス人）と親密に事を取り計らい候由」

もう一つの記録はこうのべている。

「群姦（小栗ら幕府絶対主義者）の存意（考え）は、日本列藩（全国三百藩）を仆して（打倒して）郡県となし、上は天子をなみし（天皇を無きものとみなす。ないがしろにする。廃滅する）、西洋の国体（アメリカやフランスのような国王のいない国、革命により国王を処刑した国）同様に致すの企てこれあり。このたび長州御進発（長州再征）もやはり長州を仆して次第に列藩を滅ぼすの趣意、はたまたその勢いを以て京師（天皇・朝廷）を圧倒するの腹より出で……」

この小栗ら幕府絶対主義者が幕府の実権を握っていたが、彼らはフランスと固く結託していた。当時の駐日フランス公使レオン・ロッシュは幕府に深く食いこみ、実質的に幕府の政治外交軍事の最高顧問、指南役（指導者）の観を呈していた。諸藩を討ち滅ぼし郡県制を敷くことを勧めたのはロッシュである。幕府の陸軍はロッシュの助言とフランスの指導により兵制を一新、近代的軍隊に変貌していた。勘定奉行の小栗忠順、外国奉行の栗本鋤雲らはロッシュと深く交った「幕府親仏派官僚」であった。幕府とフランスは事実上「幕仏同盟」を結んでいた。このようなロッシュであったから小栗らに強く長州再征を勧め、軍人の経験をもつロッシュは、長州攻撃の作戦指導までして幕府を全面的に支援した。勝海舟は小栗ら幕府主流派とロッシュの関係につきこうのべている。

「小栗はまず長州を斃し、次に薩州（薩摩）を斃して、幕府の下に郡県制度を立てようと目論んで、フランス公使レオン・ロッシュの紹介でフランスから六百万両と年賦（一年一年ごとに金を払うこと）で軍艦数隻を借り受ける約束をしていたが、これを知っていた者は、慶喜殿（一橋慶喜、後に徳川慶喜）ほか閣老（老中）を始め四、五人に過ぎなかった」

　幕府はフランスとこれほど深く密着していたのである。ロッシュはどうしてかくも幕府に食いこみ、わが国の政治に介入して、長州を攻め滅ぼし藩をなくし郡県制をしくべしとお節介を焼き、金も軍艦も借す（これはフランス側の都合で実現せず）と親切顔を見せたのか。日本への善意、友好のためか。もしそう思う人がいるなら、その人は物事の真実、裏を見抜けぬ余りにもおめでたいお人好し、間抜け、阿呆である。ロッシュ即ちフランスの魂胆は言うまでもなく日本の隷属化・植民地化にある。小栗ら親仏派官僚はロッシュと深く結びわが国に対してフランスが介入・干渉を強めやがてそれが日本の隷属化を招くことに無頓着であった。この徳川幕府のフランスへの傾斜と、天皇・朝廷を廃絶せんとする恐るべき幕府絶対主義に最も深い危機感を覚えた数少ない幕臣の一人が勝海舟であった。

幕府首脳はこのような幕府絶対主義者で占められていたから、幕府の強化、永久的な存続をはかる為に、その着手の第一として何が何でも長州再征を行い長州藩を血祭りにしようとしたのである。現在の目から見るなら、幕府滅亡の契機となったやらなければよかった戦争だが、幕府絶対主義者にとっては幕府の強化と永続のためにどうしてもしなければならない戦争であったのである。この長州再征における幕府絶対主義者の抱いた誤りに満ちた恐るべき企て、策謀を知るならば、徳川幕府が天皇を戴く日本という尊貴なる独立国家の政府として全く失格であり、幕府がやがて滅び去らなければならなかった理由がよく理解できるであろう。しかしながら幕府の力はいまだなお強大と思われたから、長州再征が長州藩存亡の最大の危機であったことに少しも変りはなかった。

勝利を導いた高杉――倒幕体制の確立

四境戦争（第二次長州征伐）は慶応二年（一八六六）六月上旬に開始され十月まで四ヵ月間にわたって行われた大規模な戦いであった。幕府は西国二十数藩（一藩のみ東国）に出兵を命じた。戦闘は芸州口（安芸国）、大島口、石州口（石見国）、小倉口（北九州）の四方面で行われた。

幕府・諸藩連合軍の兵力は、芸州口約二万六千名、大島口約二千八百名、石州口約一万二千名、小倉口約二万四千名、幕府海軍約一千名、合計約六万五千～七万名という大兵力であった。対する長州藩は約八千～九千名で、長州再征軍は約八倍と圧倒していた。兵力数からいえば全く勝負にならぬ戦いで、一瞬で長州軍は殲滅（全滅）されるはずであった。

最初の戦いは大島口である。大島は長州藩の周防国の東南方、瀬戸内海にある島である。戦闘は六月七日から下旬まで行われた。長州軍は千二百名だったが、善戦健闘し征長軍を撃退した。

続いて芸州口において六月十四日から八月上旬まで激闘が行われた。芸州口の戦いは長州藩と広島藩が国境を接する安芸国の南端で行われた。この芸州口は征長軍が長州に攻めいる正面だから最大の兵力がおかれた。幕府陸軍のほか十二藩がここを攻めた。諸藩の中で最も多くの兵力をもったのは御三家の紀州(和歌山)藩(七千名)、彦根藩(三千六百名)、高田藩(四千名)である。彦根は井伊、高田は榊原で徳川四天王のうちの二藩である。相対する長州軍は約三千名。約九倍の征長軍に対して二ヵ月間戦い抜き、時に敗北するも壊滅することなく最後は征長軍を敗退せしめた。彦根藩や高田藩はかつて徳川きっての精強をうたわれたが、緒戦で長州軍にもろくも敗走し世間の嘲笑を浴びた。

石見国(現島根県)で行われた石州口の戦いは六月半ばから七月下旬までである。長州軍は約千五百名、八倍の兵力差があったが、大村益次郎の率いる長州軍は苦戦しつつも征長軍を敗退させた。

最後は小倉口の戦いである。六月半ばから十月上旬まで約四ヵ月にわたる戦いで、芸州口以上の激闘が続いた。長州軍は約二千名、小倉口長州軍の実質的総帥が高杉晋作である。高杉のもとで最も奮戦したのが奇兵隊である。諸隊中の最精鋭奇兵隊は一番重要とされた小倉口におかれた。当時の奇兵隊を指揮したのが山県有朋である。高杉は山県ら諸隊長と協議をしながら全軍を統率した。また高杉は長州藩海軍総督として海軍をも指揮した。奇兵隊ら諸隊は藩海軍と協同しつつ、対岸の田野浦、門司に渡り征長軍と戦った。

小倉口の戦いは渡海しての戦いであり、兵力寡少で四方面中最も期間の長い困難な戦闘であったが終始、小倉藩領内で攻勢を堅持し敗れを取ることはなかった。

四方面とも圧倒的な兵力を誇る征長軍であったが、長州軍は全方面で征長軍に痛打を与え敗北せしめたのである。征長軍は兵力数だけではなく装備においても勝っていた。彦根藩などは昔ながらの旧式だったが、幕府陸軍、紀州藩、熊本藩などは長州に劣らぬ近代的装備を備えていた。

長州の勝利は奇蹟的であったが、勝因はどこにあったのか。一つは兵力は少数であったが、西洋式兵制に一新して西洋式戦法に習熟し、戦術が格段にすぐれていたことである。それが兵力の過少を補った。もう一つは、四境戦争を長州一藩の存亡をかけた戦いであるとして、全藩一致一丸となって戦い抜いたことである。この戦いにおいて兵士以外の多くの庶民が「軍夫」として食事作りや運搬作業に進んで協力した。こうして長州藩が挙国一致の対徳川決戦の体制を整えて火の玉となり四境で戦い、征長軍を撃破するという快挙をなしとげたのは、ひとえに守護神たる高杉がいたからにほかならない。高杉の存在はそれほど重く決定的であったのである。

次の話がこの事を雄弁に物語っている。四境戦争は誰が見ても長州に勝目はないと思われた。このとき薩長同盟のために坂本龍馬と共に尽力した中岡慎太郎(土佐の脱藩志士)は、長州を滅亡より救うためひそかに薩摩に対して援兵を送ることを要請した。西郷隆盛は長州が不利に陥ったとき直ちに救援の兵力をさしむけることを約束した。中岡はこの用意をした上で、敬愛してやまぬ高杉に、

「万一長州が不利な場合、他藩の援助を請うてみてはどうでしょう」と尋ねた。すると高杉はこう答えたのである。

「今日に至り何ぞ一藩の興敗（興起と敗亡）を以て人に頼まんや。不肖の拙者（自分のことを謙遜してのべる言い方）の一命の限りはご安心下さるべし。古より天下の大事を任ずる者は大義（最も大切な道義）をもって本となし、決して人を顧みず（他人の助けにすがること）、断じて志を行い、禍福（禍いと幸福）死生をもって一点の疑惑（疑い迷うこと）を胸中におかざるなり」

長州のためを思う中岡の厚意に深く謝しつつ高杉は、「中岡さん、他藩の応援は不要です。ご安心下さい。私がいる限り長州は大丈夫です」と言い切ったのである。まことにもこのとき長州を一身に背負っていたのが高杉であった。そうして涙を流してこう語った。

「わずか二州（長門国と周防国、長州藩）の興亡を私し、かかる皇国の大危難を救い奉ることあたわず。何の面目あって天下の有志に対せん」

長州が絶体絶命の窮地に立ちながら、高杉は長州の存亡を私事と見て、もっと重大な皇国日本そのものの存亡という未曾有の国難をいまだ救うことができないわが身を嘆いたのである。まことに高杉の面目が躍如としており、高杉の一世を圧する気魄がここにある。このような高杉を、奇兵隊始め諸隊の人々は高く仰ぎ見てやまなかったのである。

幕府は当初、長州を全くなめきり長州を完敗させ滅亡させることが出来ると確信していた。ところが逆に惨敗を喫した。四境戦争の意義はどこにあったか。まず第一に、幕府の敗北が幕府の権威を地にまみれさせ、幕府の衰退、崩壊を導く致命傷になったことである。無論、当時ほとんどの人々はこの一年半後に幕府が消滅するとは夢にも思わなかったが、大局的に見ると長州再征が幕府の命取りの暴挙であったことがわかる。二つ目にこの勝利により、長州藩は討幕の覚悟をしっかり定めた。征長軍を打破った長州藩と幕府は絶対に並び立たず両立しえない、倶に天を戴かずの関係になったのである。長州が藩として生き延びる道はただ一つ、幕府を打ち倒す以外に選択肢はなかったのである。

文久三年（一八六三）、久坂玄瑞らの尽力で「破約攘夷」の藩是を決定し「君臣湊川」の決意を定めたが、三年後、高杉は幕府諸藩連合軍を打破り、徳川幕府との決戦体制を確立し、再び「君臣湊川」の覚悟を長州藩士民全てに固めさせたのである。高杉晋作のやり遂げたことがいかに筆舌に尽しがたい困難な事業であり、高杉がいかに卓越した大英傑であったか私は感嘆の念に堪えない。

高杉の生涯を貫いた精神――一世を圧した高杉の大気魄

四境戦争に全身全霊を捧げた高杉が体調不良を訴え病状が悪化しはじめたのは、戦闘が開始された翌月、七月下旬からである。その後病状はやや小康を保った。高杉は下関の豪商志士白石正一郎の邸宅にいて長州軍を統率した。ここには参謀の前原一誠や山県有朋ら諸隊長らが終始出入りして高杉と協議しその指示を仰いだ。

各方面の戦闘にほぼ勝利し勝敗の帰趨（帰結、落ち着くところ）が明らかになった九月に入ると、高杉の病状は一層悪化しついに血を吐くようになった。肺病であった。高杉を補佐し藩政府を背負っていた木戸孝允ら同志たちが入れかわり見舞いに訪れた。病はいよいよ進行し病床生活が長らく続いた。奇兵隊始め諸隊の兵士は神社仏閣に詣で手を合わせて、「わが命にかえて高杉さんを生かしてください」と祈り続けた。今日と明日の長州の運命を担う至宝（最も大切な宝）、ただ一人の人物であったからである。病死の少し前、世子の毛利広封は見舞状をよこし、「将来、いよいよ依頼致し候につき、気色別して（病気の容態が良くなるようにとの意味）加養専一の事に候（養生ひとすぢにつとめてくれよとの意）」とのべた。高杉と同年の広封は高杉を親愛すること甚しく、「晋作、死ぬな」とよびかけたのである。

高杉が亡くなったのは慶応三年（一八六七）四月十四日である。高杉が同志に残した最後の言葉・遺言はこうだ。

「ここまでやったのだから、これからが大事じゃ。しっかりやってくれろ。しっかりやってくれろ」

四月十日ごろ高杉を見舞った同志は、「大煩悶の体に相見え、その中にも国家の大事を忘れぬ様子にござ候」と伝えている。四境戦争に勝利して長州藩の倒幕体制が確立し、今から幕府をなくし王政を復古して皇国日本を再生する新たなる戦いが始まる。これからが真の正念場であり大本番である。薩摩藩と提携し長州を率いてゆく中心者は高杉をおいてほかにいない。その高杉がもう死ななければならない。長州を思い、「皇国の大危難」を思って、死んでも死に切れぬ思いに高杉は大煩悶して最期を遂げたのである。皇国日本の国難を憂えて全心身を燃やし尽して悶え死したのである。数え二十九歳（満二十七歳）であった。

　これほどの人物は稀有である。神はよくもこの人物をここまで生かしてくれたと思う。高杉が最も尊敬仰慕した人物は恩師吉田松陰を別として、楠木正成と菅原道真である。両者は天皇に忠誠を捧げ尽した日本人の典型・鑑である。両者と松陰を生涯心に抱き手本として仰いだ高杉もまた真の日本人の一典型であった。

　高杉は才能豊かな人物だが、高杉が尊重したのは単なる才能ではなく、道義に立つ正気・元気・勇気・気力・気概・気魄・大和魂であった。高杉はこう言う。

「士の尊ぶべきは気なり、才に非ざるなり」

気を以て勝つ高杉だったから、馬関戦争の講和談判で欧米の彦島租借要求を拒絶し、功山寺挙兵・四境戦争をやり遂げることができたのである。この不撓不屈の気魄、比類なき剛毅さと勇断・決断の力において高杉に匹敵しうるのは西郷隆盛だけである。

高杉は「狂夫・一狂生・東狂・西海一狂生・東洋一狂生」と名乗った。高杉生涯の精神を象徴するのが、「狂」の一字である。高杉はなぜこの一字にこだわったのであろう。「狂」とは、国家民族未曾有の国難を救い何としても皇国日本の尊厳と独立を守り抜かんとする死にもの狂いの気魄と勇気であり、その根底にある烈々たる(強くはげしいこと)尊皇愛国のまことの心・大和魂である。この狂の心、高杉の一世を圧する大気魄が長州と日本を救ったのである。すなわちそれは日本をして非西洋唯一の例外たらしめた武士(サムライ)の気概であった。

第二話　高杉晋作――明治維新を導いた長州の大守護神

参考文献

『高杉晋作全集』上下　堀哲三郎編　新人物往来社　昭和49年
『高杉晋作史料』全三巻一坂太郎編　マツノ書店　平成14年
『吉田松陰全集』全十巻　大和書房　昭和47年
『久坂玄瑞全集』　福本義亮　マツノ書店　平成４年
『近世日本国民史』全百巻　徳富蘇峰　時事通信社　昭和35〜37年
『修訂防長回天史』全十二冊　末松謙澄編　末松春彦刊　大正10年
『高杉晋作』　村田峯次郎　民友社　大正３年
『高杉晋作』　横山健堂　武侠世界社　大正５年
『東行高杉晋作』　阿月健治他　高杉東行先生百年祭奉賛会　昭和41年
『高杉晋作』　梅渓昇　吉川弘文館　平成14年
『高杉晋作』　海原徹　ミネルヴァ書房　平成19年
『高杉晋作わが風雲の詩』　古川薫　文春文庫　平成７年
『高杉晋作と奇兵隊』　青山忠正　吉川弘文館　平成19年

『紅と白　高杉晋作伝』　関厚夫　国書刊行会　平成29年
『高杉晋作』　一坂太郎　文春新書　平成14年
『維新の商人』　古川薫　毎日新聞　平成29年
『中岡慎太郎全集』勁草書房　平成3年
『長州戦争』　野口武彦　中公文庫　平成18年
『幕長戦争』　三宅紹宣　吉川弘文館　平成25年
『ペルリ提督日本遠征記』全四巻　土屋喬雄・王城肇訳　岩波文庫　昭和28年
ほか

第三話

明治天皇(めいじてんのう)

——明治天皇なくして近代日本の新生と興隆(こうりゅう)なし

明治天皇

嘉永5年(1852)～明治45年(1912)
第122代天皇。御名は睦仁。御称号は祐宮。近代日本の指導者と仰がれ、その盛名は世界に及び、明治大帝、睦仁大帝(Mutsuhito the Great)とも称された。(明治神宮所蔵)

1、なぜ日本だけが立ち上がり新生できたのか

世界史の例外――近代日本の躍進

明治維新（めいじいしん）に始まる近代日本の歴史は、近代世界史を根本から変えた。約五百年間続いた欧米列強（おうべいれっきょう）による非西洋諸国に対する植民地支配は、十九世紀後半から二十世紀にかけて極盛（きょくせい）（勢いが最もさかんなこと）に達した。欧米に抵抗できる国はなくことごとく召使（めしつかい）、奴隷として屈従（くつじゅう）する中で、わが国のみ欧米の侵略を阻（そ）止（し）し明治維新を成功させ、民族の独立を守り生存を確保（かくほ）し近代国家として新生（しんせい）す

ることが出来た。

のみならずその後日露戦争に敢然と立ち上がり、当時イギリスと覇権（支配権）を競う世界一の陸軍国ロシアを打破り、全世界を驚嘆させた。欧米列強は陸軍海軍ともに実力世界一の強さを持つ、有色人種の国家の出現に震撼し深い恐怖を禁じ得なかった。それは近代における非西洋唯一の例外であり、世界史の奇蹟というべき日本民族の最も光栄ある歴史であった。

欧米白人諸国はすぐれた科学技術に基づく比較を絶した国力、経済力、軍事力と、極めて独善的排他的で他の宗教との共存を認めなかったキリスト教の信仰により正当化された人種偏見によって非西洋人を劣等人種、人間以下の存在と見なし、良心の呵責（深く自分を責めること）を少しも感ずることなく虐殺あるいは奴隷として支配することを、キリスト教の神の恩寵（神より信仰者に与えられた大いなる恵み）と信じて疑わなかったのである。

そのとき唯ひとり屈服せず公然と刃向かう非西洋国家が出現することは、欧米白人にとって決してあってはならない許容（認めて受け入れること）しがたいことであった。非西洋諸国の植民地化、欧米による世界支配は二十世紀前半をもって完成するはずであった。欧米人にとりそれ以外にはありえない必然の歴史的運命であり、その実現を疑う者はいなかったのである。このさえぎることのできない歴史的大潮流を堰き止めたものこそ近代日本であった。

日露戦争の結果、日本が否応なしに欧米との対立を深め、最後に世界の覇者（徳によらず武力や権力で支配する者）米英と大東亜戦争を戦わざるを得なかったのは、明治維新を成し遂げ日露戦争に勝利し得た国家の避くべからざる民族的宿命（運命）であった。わが国は最後に敗れたとはいえ、五百年来の欧米の植民地支配に止めを刺し、戦争の一大目的である東アジア諸国民の解放とその独立を導くことに成功して、その結果ついに人種平等の世界を築き上げたのである。この人類史上最大の貢献である快挙の出発点、最大の契機となったものこそ明治維新であり日露戦争であった。

なぜこの奇蹟はありえたのか。このような近代日本の驚異的発展は何ゆえに可能であったのか。その最大の理由は、国家をひとつにまとめ上げ国民を一致団結させる核心である天皇が存在したからである。天皇なくして明治維新も日露戦争の勝利も決してあり得なかった。近代日本を代表すべき人物をただ一人だけあげるとするなら、結局それは明治天皇にほかならない。明治天皇のご存在は限りなく重く大きい。

毎年正月、明治神宮には数百万の人々が参拝するが、現在の日本人は御祭神である明治天皇についてどれほど知っているだろうか。よく知らない人々が大半であろう。その理由は戦後の学校の歴史教育において軽視され、ほとんど教えられてこなかったことにある。それゆえ多くの日本人は明治天皇の果された重大な役割、近代日本の新生において決定的に重要なご存在であったことを全く知らないのである。

明治天皇なくして近代日本の歴史は語りえない。それは例えていえば、ワシントンを無視してアメリカ建国の歴史を語るようなものである。またピョートル大帝なしに近代ロシアの歴史を書けるであろうか。ウィルヘルム一世の名を抜きに近代ドイツ統一の歴史をのべられるだろうか。もし今あげた人々を軽視、無視した自国の歴史教科書があるとするならば、その国民はそのような学校の歴史教育を正当なものとは決して認めないであろう。しかしこうした亡国的歴史教育が大手をふるってきたのが、戦後日本の学校教育の実体であった。明治天皇について知らないことは、近代日本の歴史の根本について何も知らないことに等しく、それは日本国民として悲しくかつ恥ずかしいことである。

天皇を仰ぎ戴いての日本の新生――王政復古の大号令と五箇条の御誓文

わが国の建国並びにわが国における重大な歴史の変革は常に天皇が中心に立ち、天皇を仰ぎ戴き天皇の名において行われてきた。これは日本国史の根幹を立て貫く原則・鉄則である。神武天皇の建国、聖徳太子の新政、大化の改新、源頼朝の幕府政治の開始、建武の中興、信長・秀吉・家康の天下統一、そして明治維新、日露戦争の遂行、大東亜戦争の終結、みなそうである。天皇なくして国家民族の運命、将来を定める重大事の決定は出来なかったのである。

明治天皇は嘉永五年(一八五二)十一月三日ご誕生された。父君は孝明天皇、ご生母は中山慶子(公家中山忠能息女)である。御名は睦仁、御称号は祐宮と申し上げる。慶応三年(一八六七)一月、践祚(天皇の御位につかれること)された。同年十月、大政奉還が行われ、十二月九日、「王政復古の大号令」が出された。明治天皇はこのとき王政復古による天皇の新しい政治が、「諸事神武創業の始に原き」行うことを宣言された。

「神武創業の始に原き」とは何かというと、神武天皇の日本建国の精神、理想の上に立って国を治めることである。神武天皇建国の精神、理想は「橿原奠都(宮崎から大和の橿原に都をうつす)の詔」(『日本書紀』巻三)において明らかにされている。それは皇室のご先祖天照大御神を仰ぎその神意、神勅に従い正しい心をもって、国民を「大御宝」としていつくしみその幸福を守り世界を一つの家として平和を実現せんとする崇高な理想である。

続いて慶応四年(一八六八・九月改元して明治元年)三月十四日、明治天皇は「五箇条の御誓文」を出された。

五箇条の御誓文

一　広く会議を興し万機公論に決すべし
一　上下心を一にして盛に経綸を行うべし
一　官武一途庶民に至る迄、各其志を遂げ人心をして倦ざらしめん事を要す
一　旧来の陋習を破り天地の公道に基くべし
一　知識を世界に求め大に皇基を振起すべし
我が国未曾有の変革をなさんとし、朕身を以て衆に先んじ、天地神明に誓い、大に斯の国是を定め万民保全の道を立てんとす。衆亦此の旨趣に基き協心努力せよ。

意味は次の通りである。

一、広く人材を求めて会議を開き、すべて公正な意見によって決定しよう。

一、身分の上下を問わず心を一つにして積極的に国を治めてゆこう。

一、公家・武家はじめ一般国民すべてがそれぞれの務めを果し、人々が幸福に生活できるようにすることが肝要（必要なこと）である。

一、これまでの封建制を始めとする今日にふさわしくないかたくなな習慣を打破し、普遍的な道理に基づいて社会を築こう。

一、知識を世界に求めて、天皇を中心とする国体・伝統を尊重して大いに益々国家を発展させよう。

わが国にかつてない変革を行うにあたり、私は身をもって国民の先頭に立って進み、天地の神々に誓ってこの五箇条の御誓文を国家の根本方針と定め、国民の幸福、保全の道を立てようと思う。政府役人はじめ全国民たちよ、この私の心に基づき心を合わせ力を尽して努めてほしい。

この五箇条の御誓文を要約すれば、天皇を中心に戴き国家国民の統一団結をはかり、公正な議論に基づいて真に国家国民の独立・安全と幸福を実現する正しく立派な政治を行うというもので、明治天皇はこれを皇祖始め神々に厳かに誓ったのである。この時数えで十七歳である。この五箇条の御誓文こそ明治日本の進むべき方向を明示する根本方針となった。明治二十二年に制定された大日本帝国憲法は、御誓文の精神に立っている。

「億兆安撫の宸翰」――明治天皇の深いご決意

明治天皇はこのとき五箇条の御誓文とともに、政府首脳三条実美以下の臣民に対して宸翰（天皇直筆のお手紙）を下賜された。それは「億兆安撫（全国民を幸福にすること）の宸翰」とよばれるものである。その主なところはこうである。

「朕幼弱を以てにわかに大統（皇位）を紹ぎ（継ぎ）、爾来（以来）何を以て万国に対立し（欧米列強に劣ることなく国家の独立と生存を堅持すること）、列祖（歴代天皇）に事え（今日まで日本を護り伝えてきた歴代天皇のみ心に忠実にこたえること）奉らんやと朝夕恐懼（恐れつつしむこと）に堪えざるなり」

「今般、朝政（朝廷の政治）一新の時にあたり、天下億兆（全国民）一人もその処を得ざる（国民が幸福と安全が得られないこと）時は、皆朕が罪なれば、今日の事朕自ら身骨を労し（骨惜しみせず働くこと）、心志を苦しめ（心を尽すこと）、艱難の先（困難の仕事の先頭）に立ち、古列祖（歴代天皇）の尽させ給いし蹤（跡）を履み（受け継ぐこと）、治蹟（立派な政治）を勤めてこそ、始めて天職を奉じて（天皇の任務をつくすこと）億兆の君たる所に背かざるべし」

「しかるに近来、宇内（世界）大いに開け、各国四方に雄飛（発展すること）するの時にあたり、独りわが国のみ世界の形勢にうとく、旧習（旧来のよくない習慣）を固守し一新の効（効果）をはからず、朕いたずらに九重（皇居）の中に安居し一日の安きを偸み（盗み）、百年の憂いを忘るるときは、遂に各国の凌侮（あなどり）を受け、上は列聖（歴代天皇）を辱め奉り、下は億兆を苦しめんこと恐る。

ゆえに朕ここに百官諸侯と広く相誓い、列祖の御偉業を継述し（うけつぐこと）、一身の艱難辛苦を問わず、親ら四方（日本国内）を経営し、汝億兆を安撫（幸福にすること）し、遂には万里の波濤を拓開し、国威を四方に宣布し、天下を富岳の安きに置かんことを欲す（欧米列強に恐れおののきじっとひきこもっていては国家の独立は維持できない。欧米に敢然と立ち向って積極的に海外へ打って出て、世界に比類のない皇国日本とその文明の威力を世界に輝かし、日本を富士山のごとく永久に安泰にしたい）」

明治天皇は国民が「一人もその処を得ざる時は皆朕が罪」との崇高な責任感のもとに、全国民の幸福、安全と国家の独立、隆昌の為「自ら身骨を労し、心志を苦しめ、艱難の先に立ち」、以後四十数年間、わが身を鞭打つような渾身の努力を傾けられた末遂に、日本を世界的強国に変えるとともに、近代世界史を根本より転換する光輝ある明治の御代を築き上げられたのである。それは日本国民にとり最も誇りとすべき歴史であったといえよう。

天皇ご輔導に尽した人々の至誠

『日本の偉人物語3』でのべたように西郷隆盛始め明治政府首脳は、国家が興隆するか衰退するかの根本はひとえに「君徳（国家の中心者・統治者たる天皇としてのふさわしい高貴な人格、高くすぐれた倫理道徳）」の大成にあると信じた。

そこで西郷らは宮中改革を行い、おそばで仕える侍従に立派な人物を幾人かおき、君徳ご輔導（助け導くこと）に心を砕いた。西郷の懇請で侍従になったのが、旧幕臣の山岡鉄舟である。武士出身の侍従たちはみな至誠・剛毅・朴直（嘘偽り、飾りがなく誠実・正直で勇気があり純朴なこと）の心をもってお仕えした。天皇は鉄舟ら武士出身の侍従を親愛された。次の様な話が残されている。

山岡鉄舟が侍従になった時、明治天皇は満十九歳という若さで、元気と英気（すぐれた気性）に満ちあふれておられ、豪気豪快でお酒も強く夜を徹して侍従らと飲みかつ語り明かされることもしばしばであった。体格も当時としては大柄で力も強く相撲を好まれた。若さ漲る天皇の振舞は時に度が過ぎることもあったので、山岡はぜひお諫めして反省していただこうと思っていたところ、天皇は山岡にこう言われた。

「お前は撃剣もやるが、相撲もきっとうまいだろう。一つ立ち合わんか」

山岡は一八七センチの大男で並びなき剣の達人である。その山岡にこう言われるのだから、天皇は恐れ知らずの元気の持主であった。「相撲の道はわきまえ申しませぬ」と答えると、天皇はいきなり山岡めがけてぶつかってこられた。しかし山岡の体は押せども突けどもびくともしない。天皇は拳を固めて顔面を打とうとされた。山岡は頭を少し傾けてかわすと、どっと転倒された。山岡はこの時とばかり懇々とお諫めし、「ただ今までのご行跡（行動）の改まり遊ばさねば、鉄太郎（山岡の本名）今日かぎり出仕（奉仕）つかまつりませぬ」とのべて退出し自宅で謹慎した。すると翌日、岩倉具視がやって来て、天皇のお言葉を伝えた。

「わしも今までのことは悪かった。相撲と酒とは以来やめるによって、そちもこれまで通り出仕せよ」

山岡は「はっ」と頭を垂れた。涙が畳にしたたり落ちた。山岡は十年間お仕えしたが、天皇の親愛は他のどの侍従よりも厚かった。

また天皇は侍講とよばれた学問、道徳ともにすぐれた人物につき学問修養に精励された。ことに元田永孚に二十年間学ばれた。元田は肥後熊本藩出身の武士だが、当時最も学徳（学問と道徳）高き人物であり、天皇にわが国体の本質とその尊厳、国家の興廃を左右する君徳の重要さ、忠孝仁義の道、国家の治乱興亡の歴史とその理について心血を注いでご進講した。天皇は負けず嫌いの剛毅な気性を発揮されて、古今の名帝賢君に劣らぬことを願われ君徳の培養（培い養うこと）に脇目もふらず邁進されたのである。

明治天皇と西郷隆盛との君臣の深い絆についてはすでにのべた（『日本の偉人物語3』）。臣下中誰よりも西郷を親愛された天皇は明治二十二年、西郷の賊名を除き正三位を追贈された。またこれに先立ち明治十七年、天皇は西郷の遺児寅太郎に学費を下賜されドイツ留学を命ぜられ、またもう一人の遺児菊次郎を外務省御用掛にされた。さらに明治三十五年、寅太郎に侯爵を授けられた。明治天皇にとり西郷隆盛は夢寐（夢の間）にも忘れがたき師父にも似た慕わしい人物であったのである。

君民一体の情義――全国御巡幸

明治天皇は明治五年以降十八年まで六回、全国にわたって行幸（天皇が外出されること）をなされ、深く国民の生活を知ることに努められた。

明治五年、近畿、中国、四国、九州（この時西郷隆盛が随行した）。九年、東北。十一年、東山道、北陸、近畿、東海。十三年、長野、山梨、三重。十四年、山形、秋田、北海道。十八年、山口、広島、岡山である。このほかにも陸軍特別大演習などの多くの行幸があったが、この六回だけを特に御巡幸という。天皇は全国各地の国民生活全般、農業始め諸産業の振興状況、学校教育、孝子（親孝行の子供）・節婦（立派な女性）等の篤行（立派な行為）の表彰などにつき親しく見聞された。また御陵（歴代天皇のお墓）、主な神宮、神社、寺院等に参拝された。その時詠まれた御製（天皇の作られた和歌）の一つがこれである。

あがたもる　人に問ひみむ　民草に
　かかる恵みの　露はいかにと

※あがたもる人＝各県の知事ら指導者。　民草＝国民。　恵みの露＝天皇の国民に

対するいつくしみ、恩恵、恩情。

このようにして明治天皇は全国を巡られて国民と国土全般について、知ろしめし聞こしめすことに肝胆を砕かれた（真心を尽くすこと）。天皇が全国を行脚されるということはこれまでの歴史にはなかったことである。国民は親しく民情を尋ねて歩まれる天皇のお姿を直接に拝して、皇室への尊崇仰慕の思いを新たにしたのである。各地で人々がいかに天皇をお迎えしたか、当時の記録にこう記されている。

「人民……拍手礼拝、歓迎の情 自から他方に異なり……」（京都）

「人民、両岸に輻輳（密集）し、拍手礼拝す。枚方御通船の際、人民総代として茶船に鏡餅を飾り、御船を迎えてこれを献ず」（大阪・枚方）

「沿道の群集、地上に拝伏し、粛然として声を発する者なし、是の日市内毎戸（一軒一軒）に注連を餝り、万歳奉祝と書せる挑燈（提灯）を掲げ……」（長崎）

「拝見人が集りおりしが、鳳輦（天皇の乗る車）を見かけ、両手を合わせて拝む者

あり、両手を打つ者あり」（青森・三戸）

当時の国民が拍手、礼拝し、両手を合わせて拝み、鏡餅や注連飾りをしてお迎えしたのは、天皇を神として仰いだからである。こうした庶民たちの行動は一朝一夕の付焼刃のものではない。数千年間の歴史によって培われてきた根の深い国民感情であったのである。天皇は行幸において国民に無駄な費用をかけぬことに留意され、これにより営業の妨げにならぬよう、また行列の拝観は随意、往来人の通行を止めることも不要との通知を各地方に出させていた。御巡幸に際して奉献された詩歌はおびただしい数に上ったが、そのいくつかを掲げよう。

しなのなる　葎の里も　天津日の
　光あまねき　ときは来にけり

※しなの＝信濃。　葎の里＝田舎。　天津日の光＝明治天皇が行幸されたこと。

おもひきや　この山中に　大君の
　尊きみかげ　あふぎみむとは

数ならぬ　身にしも御代の　ゆたけさを
　いのりこそせめ　万世までも

※ゆたけさ＝豊かで満ち足りていること。勢いが盛んで素晴らしいこと。

陸奥の　国のはてしと　嘆きしを
　けふの御幸に　逢ひにけるかな

※けふ＝今日。　御幸＝天皇の行幸。

国民の感激の深さがわかる。天皇の全国御巡幸の果した役割は実に大きく、国民は天皇を眼のあたりに拝することにより、真に統一的な日本国民であるとの自覚と悦びを深くしたのである。このように御巡幸は国民の心を天皇を中心にして一つに結びつけ、国家民族を統合（まとめあげること）する上に欠くべからざる働きをしたのである。それは傑出した政治家が幾人たばになってかかっても決して出来ないことであり、ただ国家の中心たる万世一系の天皇のみよく為しうることであった。明治維新は徳川幕府時代の封建的割拠（各藩がなかば独立国状態にあること）を一新して、天皇の下に近代的統一国家を形成したが、新生日本を名実ともに完成する上に国民統合・結合の中心である天皇の全国御巡幸の果した役割は、決定的に重要であったのである。

兵士の弁当箱

明治三十四年秋、宮城県で陸軍特別大演習（軍事訓練）が行われた。演習の最終日、天皇は侍従武官長岡澤精陸軍中将に命じ、入隊時の異なる二人の兵士を呼び出され岡澤に質問させた。二人は新潟県出身の一等卒（一等兵を当時はこう呼んだ）と二等卒（二等兵）で二十一歳と二十歳の若者である。二人は玉座（天皇の御座所）の一間（約一・八メートル）前に緊張の面持ちで直立不動、質問に答えた。質問は、故郷の父母、家族を思う情に堪えかねて辛苦を伴う軍隊生活がつらくはないかという点で、一切言葉を飾ることなくありのままにのべよというものであった。すぐそばには直属の中隊長と大隊長が、二人が一体何を語るのかと緊張して控えていた。

二人は交々訥々（口の重いさま）として次の様に答えた。男子として兵役に就くことのできないことは恥辱であること。強健な体をもって入営（軍隊に入ること）できたのは光栄であり、自分らは愚か者だが国家有事の日には上は皇室、下は国民の為に忠義を尽すことができれば光栄であること。父母は喜んで我を送り、我は兵役を苦しいと思ったことはないこと。我は困苦と戦い欠乏に堪えて忠義を尽そうと思っていること。

天皇は二人を見つめ時々うなずかれた。岡澤は「よくわかった。それでは背嚢（背中に背負う四角の皮袋）を見せよ」と命じた。二人がそれをあけると中は整然としており、その中に弁当箱があった。朝昼の二食分のうち昼食分が残されていた。半熟の米の飯に塩鮭と梅干、香の物があるばかりである。岡澤はこの粗食で重い荷を背負い今日で十日になるが、日々の演習に不平を抱くことはないかと問うた。

「我々は一命を捧げた軍人であります。こればかりの難儀を不平とするようで、どうして実戦に臨まれましょう。我々は卑賤の者（身分の低い一国民の意）であります。この食事は決して不足ではありません」

偽りなき飾りなき決然たる言葉であった。天皇は顔をそむけられた。その眼には露の涙があった。岡澤が「この二卒はまことに軍人の鑑であります」と申し上げると、陛下は心からご満足気にうなずかれた。

明治天皇が兵士を呼びこうしたお尋ねをされることはしばしばであった。直接聞かれる時さえあった。兵士達の軍隊生活に深く心を注ぎ、兵士の労苦を何かと思いやられた。わが国が日清、日露の二大戦争に勝利し得たのは、このような天皇と忠勇無双（並びない忠誠と勇気）の兵士たちが存在したからである。

2、日露戦争——明治の一大国難

明治日本の誇り——世界最強の陸海軍

明治時代、誇りとすべきことは数多いが、最大の誇りの一つは世界一、二の強さを持つ陸軍と海軍を作り上げたことである。それを事実をもって証明したのが日露戦争の勝利であり、乃木希典と東郷平八郎という世界随一の陸将と海将を生み出したことである。

私たちが歴史の真実を知る上で大切なことは、その国家民族にとってその時代もっとも重大な問題、解決すべき課題は何かということである。明治時代の世界は欧米の非西洋諸国への侵略・支配が頂点に達した時代であり、それは日本人の眼の前で進行していた。言うまでもなく日本も彼らの植民地化、隷属化の対象（目標）であったことを無視して、この時代を正確に把むことはできない。

国家の独立、民族の生存こそ最重要課題であった。そのためには近代的陸軍・海軍を一日も早く作り上げ重武装して、欧米の侵略と支配を絶対に阻止しなければならなかったのである。自国を守る国防力が弱ければ、わが国の独立はたちまち踏みにじられ欧米の植民地・隷属国に転落する。それゆえ欧米と戦って決して敗れぬ精強な陸海軍を建設する為に毎年莫大な国家予算が投じられたのである。政府の支出のうち最大の比率を占めたのはいつも軍事費であり、多い年は半分に達した。

それは日本民族の独立にとり当然の自衛措置であり、これ以外に日本が生き残る道はなかったのである。今日、国民の自由・権利が何よりも大切とされているが、その一人一人の自由や権利も国防力が欠如し国家が独立を失い植民地化されれるなら、人々は奴隷・召使とされ自由も権利も一切奪われる。個人の自由とか権利はあくまでも国家の確固とした独立があった上で享受できるものであることを忘れてはならない。

明治の日本人はこのことを肝に銘じていたから、陸軍と海軍には最優秀の人材が集った。士農工商の身分制度がなくなり四民平等となったが、旧武士の多くが軍人になった。日清日露の両戦争で大活躍した軍人はほとんど全て武士出身であった。一般の兵士は多く農民出身だが武士上りの将校により徹底的に鍛えられたから、先にのべたように立派な軍人になった。

明治天皇は明治十五年、軍人勅諭を下賜された。日本陸海軍の大元帥（最高司令官）として天皇は、軍人のよって立つ日々努むべき道を親しく説きさとされたが、それを要約したのが次の五ヵ条である。

一、軍人は忠節を尽すを本分とすべし

一、軍人は礼儀を正しくすべし

一、軍人は武勇を尚ぶべし
一、軍人は信義を重んずべし
一、軍人は質素を旨とすべし
※忠節＝忠義。　信義＝誠をつくすこと。

この五ヵ条は一言でいうと、日本民族が長らく伝えてきた武士道の精神を、明治の時代に簡潔に言いかえたものである。武士はいなくなり四民平等となり、国防は全国民の義務とされたが、兵士たちに武士道の精神を継承させ国軍に魂を注ぎこんだのである。軍人勅諭は以後、陸軍海軍軍人の経典となり、軍人は日清・日露の両戦争をこの精神をもって見事に戦い抜くのである。明治天皇が親しくお諭しになった軍人勅諭が明治の日本人に与えた影響は教育勅語にさほど劣らなかった。日本軍の軍紀（軍隊の規律・掟）が世界に冠たる（一番すぐれていること）ものとしてたたえられたのは、ひとえにこの軍人勅諭に基づく軍隊教育の賜であったのである。

広島大本営の明治天皇

新生日本にとって初めての本格的な対外戦争が明治二十七、八（一八九四—九五）の日清戦争である。日露戦争に少しも劣らぬ挙国一致の戦いであった。小村壽太郎（『日本の偉人物語3』）のところでのべたように、朝鮮問題から日清戦争がひき起された。日本の独立と安全の確保のためどうしても避けられない戦いであった。天皇は明治二十六年より六年間毎年、皇室内廷費の一割以上にあたる二十万円を軍艦建造費として下賜されている。

日清戦争が始まって間もなく、天皇は大本営（大元帥である天皇が戦争を指揮する総司令部）を東京から広島に移された。大本営として使われたのは第五師団司令部の建物である。東西三十三メートル、南北十五メートルのごく小さな木造二階建である。ここに天皇の御座所、軍議室、皇族室、大臣室、侍従室、食堂などが置かれたからきわめて手狭であった。

御座所は二階中央の四十畳余りの部屋で、中央に玉座（天皇の御座所）が設けられ机と椅子がすえられた。ほかにあるのは椅子数脚、書類を入れる箪笥と屏風二双（二つで一組になったものが二つ）だけである。天皇は翌年四月までの八ヵ月間、一日中この部屋で過ごされた。ほかには寝室も休憩室もなかった。夜は寝台を取り出して屏風で囲みそこで休まれた。

朝は必ず五時に離床、六時には軍服を着られ、靴には拍車（馬に乗るとき靴のかかとにつける金具）までかけられた。全く戦陣にある軍人と同様の覚悟で軍務と政務を執られたのである。日中は軍議に臨まれて各種の報告を聴取される。また伊藤博文首相始め政府各大臣が頻繁に出入りした。夕食、入浴後も和服に寛がれることなく再び軍服姿になって執務され、就寝はしばしば十二時を過ぎた。

天皇は一着の軍服を着続けられたから、やがて服の裏が破れてしまった。そこで侍従の日野西資博が、「新しいのとお代えあそばされてはいかがでございましょう」と申し上げた。すると、

「まだよい。今夜脱いでおくから、つくろっておけ」

と言われた。天皇は広島に皇后も一人の女官(宮中に奉仕する女性の官史)もお連れにならなかった。戦地に臨むという覚悟だからである。やむなく日野西は慣れぬ手つきで裏をつくろった。翌朝、天皇は「日野西、お前なかなか裁縫がうまい」と賞められた。

こうした朝から夜まで一刻の息抜きのない克己的生活ぶりを心配した侍従らは、せめてお暇な折には安楽椅子でお楽にしていただこうと、ある日長椅子をこしらえてお伺いを立てた。するとこれをご覧になって、「戦地には安楽椅子が備えつけてあるか」と言われて、せっかくの安楽椅子もお蔵入りとなった。十二月になりだんだんと寒くなったので、侍従たちは御座所にストーブを取りつけようとお伺いすると、

「朝鮮や満洲の地はこの地と比べて寒気はどうか。あちらにも暖炉があるか」と

これもとりやめになった。

御座所から一歩も外に出られぬご生活を案じた侍従らは、今度は旧藩主浅野侯の別邸であった縮景園に行幸され、林泉(木立や池のある庭園)の美をもってお心

を慰めていただこうとお願いした。すると、

「わが軍隊は遠く満韓の地や支那海に遠征して艱苦を凌ぎつつある。これを思えば泉亭（池のある庭園のあずまや）の絶景を見ても別に面白いとは思われない」とおことわりになられた。

何としても少しでも寛いでいただこうとした侍従らは、夕食後の一刻、大本営の前庭で軍楽隊に勇壮な軍歌や行進曲を演奏させた。天皇は軍歌や行進曲がお好きであったから、この演奏をたいそう喜ばれた。侍従らはようやく安堵の胸をなでおろした。

初めての対外戦争であり、清はやせても枯れても「眠れる獅子」と買いかぶられて恐れられた。欧米人の大半は清が圧勝すると思った。軍服を召され拍車までつけて、戦地にある将兵と辛苦をともにして陣頭に立たれる明治天皇のお姿は、百年以上立った今日の私たちも深い感銘を禁じ得ない。戦地で戦う将兵のことをひとときも忘れず、彼らの艱難辛苦に深く同情され、まるで修行僧にも似た生活を続けられる天皇の御日常は、すぐさま戦地に伝わった。将兵たちがいか

に感涙を催し感奮（感激して奮い立つこと）して戦い抜いたかはいうまでもない。日清戦争は陸海軍ともに連戦連勝し完勝した。清そして欧米列強がこれまで全く見下していた日本は、一躍世界の表舞台に駆け上るのである。

対露開戦——亡国の恐れに懊悩された天皇

近代日本が世界に最大級の衝撃を与えた歴史こそ日露戦争である。有色人種を奴隷視してきた欧米列強を震え上がらせ、全有色民族を驚嘆感激させ驚喜せしめて民族独立の限りない希望と勇気を与え、やがて欧米の植民地支配を終らせるきっかけとなったこの世紀の一戦のはかりしれない意義は、いくら強調してもし過ぎではない。

それゆえ、白人国家との初めての大戦争の開始において、明治天皇の憂慮と苦悩は尋常（普通）でなかったのは当然であろう。ロシアは世界一の陸軍国であり、兵力は日本の十倍もある。海軍も世界第三位、日本の三倍の戦力をもつ。国力は日本の十倍と考えられた。勝算は全く立ちようがなかったのである。ロシアと戦うこと自体が、まともな人間、正常な神経を持つ国家の行為ではないと思われたのである。しかし戦いを避ける道はなかった。乃木希典、東郷平八郎、小村壽太郎の物語でのべたように、戦わなくてもやがていながらにして亡国の運命が待ち受けていたから、わが国は九死に一生を求めて立ち上がるほかになかったのである。

明治三十七年（一九〇四）二月四日、明治天皇ご臨席のもとに伊藤博文らの元老、政府首脳が出席する御前会議において、日露戦争の開始が決定された。全員一致の決定であり、国民も挙国一致で支持した。世論はむしろ政府の開戦決定の遅延を批判していた。それは開戦が遅れるほど日本軍に不利となりロシア軍が有利になると思われたからである。

その日夕方、奥の御常御殿に戻られた天皇の表情には深憂の様子がありありとうかがわれた。やがておそばにいた皇后に、

「いよいよロシアと国交を断絶することになった。わしの志ではないがやむを得ない」

と語られた。その後二、三分沈黙が続きうつむかれたままひとり言のように、

「もしやこれが失敗したら、何とも申訳がない」

とつぶやかれた。目には露の涙が宿っておられた。

日露戦争に立ち上がった日本の行為は狂気の振舞であり、日本は惨敗するのみならず亡国の憂目を見るしかないというのが、ほとんどの欧米人の見るところであった。国内でも元老筆頭の伊藤博文が最後まで反対したのは、常識的に見てどうしても日本に勝算はないと思われたからである。もし日本が大敗北してロシアの植民地・隷属国となったならば、明治天皇は皇祖天照大御神始め歴代天皇及び国民に対して全く申訳が立たないと懊悩されたのである。明治天皇のこの名状につくしがたいご深憂を知ることなしに、日露戦争の歴史は正しく理解できない。天皇はできる限りこの冒険に満ちた戦争を回避して外交的交渉で朝鮮問題を解決したかった。しかしロシアは全く日本を見くびり対等の話し相手とせず、三国干渉の時のように威嚇すれば屈服すると思ったのである。日露戦争は真に日本国家の独立、民族の生存の為に避けることのできない自衛戦争であった

のである。当時の御製にご苦衷(苦しいお心)をうかがうことができる。

ゆくすゑは　いかになるかと　暁の
　ねざめねざめに　世をおもふかな

たたかひの　うへに心を　つくしつつ
　年のふたとせ　すごしけるかな

さまざまに　もの思ひこし　ふたとせは
　あまたの年を　経しここちする

世界の歴史を大きく転換することになった日露戦争の二年間は、平時の数十年間の歴史に相当する。明治天皇が七年後、五十九歳にて崩御されたのは、何より日露戦争における心身の疲労が原因であった。

将兵・国民・戦死者への至情

日露戦争時、大本営は皇居におかれた。天皇は日清戦争の時と全く同じ気持でこの戦いに臨まれた。宮中(皇居)では冬季ストーブが使われたが二月、開戦と同時にストーブを焚くことをやめられた。

しぐれして　寒き朝かな　軍人
すすむ山路は　雪やふるらむ

吹上の　そのふの花を　いかにぞと
問ふ日もなくて　春のくれゆく

※吹上のそのふ＝皇居の吹上庭園

ひたすら戦地にある兵士を思いやり、吹上の庭の桜を見ることもなく必勝を祈りつつ軍務、政務に精勤された。やがて炎暑の季節がやってきても、厚地の冬の軍服のままである。汗が上衣にまでしみ出るが決して脱がれることはなかった。

暑しとも　いはれざりけり　戦の
　場にあけくれ　たつ人おもへば

軍務と政務の繁劇(激務)は日清戦争の時以上で、執務は夜九時すぎまで続くのが常であった。宮殿の薄暗い表御座所で蝋燭の火の下に書類を閲覧され、御署名の筆をとられたのである。そうしてひたすら戦況を案じ、出征将兵の上に思いを馳せられた。

照るにつけ　くもるにつけて　たたかひの
　にはにたつ身を　おもひこそやれ

戦(たたかひ(い))の　にはのおとづれ　いかにぞと
ねやにも入(い)らず　まちにこそまて
※戦のにはのおとづれ＝戦闘についての報告。　ねや＝寝室。

夢さめて　まづこそ思へ　軍人(いくさびと)
むかひしかたの　たよりいかにと

わがこころ　千里(ちさと)の道を　いつこえて
軍(いくさ)の場(には(わ))を　ゆめに見つらむ

軍人(いくさびと)　すすむ山路(やまぢ(じ))を　まのあたり
見しは仮寝(かりね)の　ゆめにぞありける

各所における戦闘報告は深夜に入(はい)ることがよくある。ご就寝中は翌朝の報告となるが、天皇はたとえ寝室にあっても一切かまわず直ちに報告せよと指示された。いつ報告が来るかしれないから、深夜遅くまで「まちにこそまて」と詠まれたのである。また就寝されてもゆっくり熟睡されることが少なく、しばしば夢にまで戦地の将兵のことを思われた。ことあるたびに皇后や侍従らに、将兵の労苦について語られた。雪の降る朝など、「兵隊はさぞ寒いことであろう。家の中にいてさえこんなであるから、戦地はさぞ凍えるようであろう」と深い同情を寄せられた。

また新聞等により、頼りとする子供数人を兵士に出した老父の話などお聴きになると、「気の毒なことじゃ。これもあれもみな御国の為じゃ」と感慨無量の面持ちで、出征兵士のみならず銃後（国内のこと）の国民の献身的奉公に対しても同様に熱いお心を注がれた。

子等はみな　軍のにはに　出ではてて
翁やひとり　山田もるらむ

国をおもふ　みちにふたつは　なかりけり
　軍(いくさ)の場(には(わ))に　たつもたたぬも

こころざす　方(かた)こそかはれ　国を思ふ
　民(たみ)のまことは　ひとつなるらむ

こうした天皇のお心は戦地に派遣(はけん)される侍従武官(じじゅうぶかん)らにより将兵に伝えられた。天皇が最もお心を尽されたことの一つは、民族の存亡(そんぼう)を決するこの一大決戦において、わが忠勇(ちゅうゆう)なる将兵の勲功(くんこう)を空(むな)しくしてはならないということであった。戦闘において功績のあった死者生者(せいじゃ)を厚く報(むく)いる為に各種の勲章(くんしょう)が授けられたが、その取扱(とりあつか)いに遺漏(いろう)(もれ落ちること)なきことを期(き)し真心(まごころ)をもってのぞまれた。

くにのため　心も身(み)をも　くだきつる
　人のいさをを　たづねもらすな

※いさを＝功績

勲三等功五級以上の勲章を賜わる軍人に対しては、自ら筆をとられて御名を親署されるのだが、賞状一枚一枚心をこめて「睦仁」と記されるのである。一侍従はこう語っている。

「日露戦争後の論功行賞（功績を論じて賞賛し勲章などを与えること）の際における勲記ご親署の御多忙さは、実に申すも恐れ多いことであった。勲三等功五級以上といえば実に夥しい数であったが、大帝は少しもご苦労に思召すようなご様子なく却ってお楽しそうにお筆を執り給うた。国のため尽した者を一刻も早く喜ばせてやりたいとの大御心から、ご休憩の時間をさえ惜しまれご親署あそばされたので、多ければ多いほど国のために尽してくれた者が多いのだとご満足に思召されたのだと拝察された」

戦死を遂げた護国の英霊に対して捧げられた明治天皇の哀悼の誠は深く切なるものがあった。各戦闘が終了すると戦死者の一覧表が届けられるが、その氏名を一人一人心をこめてご覧になった。もし読みにくい名があれば必ず侍従に調べさせた。天皇は日清戦争、北清事変（明治三十三年、義和団の乱に対して列国の出兵事件)、日露戦争における戦病死者のために、宮城内に戦役記念館を設けてその忠魂を慰めその名誉を万世に伝えんとなされた。

日清戦争のものが「振天府」、北清事変が「懐遠府」、日露戦争が「建安府」とよばれた。この建物の中に戦病死した将校(陸海軍の少尉以上)全ての写真を集め額におさめて掲げられた。それ以下の下士官及び兵士はその所属、兵種、階級、姓名を列記した巻物にして安置された。天皇は下士官、兵士の写真をも掲げたかったが、収集不可能のため将校だけにとどめざるをえなかった。

国のため　命をすてし　ますらをの
　すがたをつねに　かかげてぞみる

※ますらを＝男子、軍人のこと

末とほく　かかげさせてむ　国のため
　命をすてし　人の姿は

※かかげさせてむ＝掲げさせよう

世（よ）とともに　語りつたえよ　国のため
　命をすてし　人のいさをを

かなし子に　かたりきかせよ　国のため
　命をすてし　親のいさをを

はからずも　夜（よ）をふかしけり　くにのため
　いのちをすてし　人をかぞへて

国のため　いのちをすてし　ますらをの
　たままつるべき　時ちかづきぬ

※たま＝霊魂（れいこん）

靖国の英霊に対して崇め敬うまことの極みというべきみ歌の数々である。護国の忠霊を祀るのは靖国神社だが、明治天皇はこうして皇居内にも特別に慰霊施設を建てられ、戦歿将兵の天皇と国家への忠誠に対して万感の思いをもっておこたえになられたのである。

乃木・東郷へのご信任

日露戦争が奇蹟的勝利を遂げた最大の要因は結局、明治天皇がご存在したことに尽きる。すでにのべたように日露戦争の勝利をもたらす上で最も功績高き軍人は乃木希典と東郷平八郎だが、乃木と東郷が格別の働きをなしえたのはひとえに明治天皇の絶大なご信任があったればこそである。

日露戦争における最大の難戦である旅順要塞戦において、第三軍司令官乃木希典は二度にわたる総攻撃に失敗した。参謀本部が難攻不落を誇る敵の戦力を過少に見て、第三軍には全く話にならぬ戦力しか与えなかった為に敗北するしかなかったのである。しかし事情がわからない国民の間から乃木非難の声が高まり、参謀総長の山県有朋は乃木交代のほかなしとしてお伺いを立てた。すると天皇はただ一言いわれた。

「乃木をかえたら、乃木は生きておらぬぞ」

天皇は誰よりも乃木という人物を深く認められ、これほどの難戦に打ち勝つことの出来る軍将はほかにいないとあくまで乃木を信じられた。乃木は明治天皇のこのご信任にこたえ、到底人間業とは思われない力戦死闘の末ついに旅順を陥落させた。それは「千番に一番」いや「万番に一番」の奇蹟的勝利であった。

旅順要塞戦の勝敗が日露両国の命運を決した。この戦いの勝利があればこそ、奉天会戦の勝利と日本海海戦の完勝がありえた。日露戦争の歴史を振り返るとき、後世の私たちの胸を強く打ってやまないのは何といっても旅順要塞戦である。難戦に次ぐ難戦、死傷者の続出、乃木の苦衷（苦しい心）、軍内外の乃木非難、天皇の乃木擁護、静子夫人の伊勢神宮詣で、二〇三高地の死闘と乃木保典少尉の戦死、旅順開城、乃木とステッセルの会見等、日本民族の精神が最も昂揚し火と燃える大和魂が全世界に向って発揚（精神を奮い起こすこと）された時であり、それは血と涙をもって綴られた民族の高貴なる叙事詩（事実をありのままにのべた詩）であった。

東郷平八郎もまた明治天皇の格別のご信任をうけた。ロシア太平洋艦隊を全滅して東郷が東京に戻った明治三十八年正月、宮中で新年宴会が行われた。その時伊東祐亨海軍軍令部長が「東郷も開戦以来一年、疲れたであろうから交代説が出ております」と申し上げると、天皇は顔色を変えられて「いかん、東郷をかえてはならぬ」とそこに東郷がいる前で強く言われ、宴会後山本権兵衛海軍大臣をよび、「東郷を決して交代させてはならぬ」と厳命された。このご信任に東郷は感泣感奮して、「恐れながら誓って敵艦隊を撃滅しもって宸襟（天皇のお心）を安んじ奉ります」とお答えした通り、バルチック艦隊を全滅させ世界海戦史上空前の大勝を遂げたのである。

明治天皇は長年皇位にあったから人物を見る眼が高く、誰よりも鋭い人物鑑識の能力をもっておられた。それを養う上に最も痛切な体験が明治十年の西南戦争であり、西郷隆盛を国賊として死に追いやったことである。天皇ご自身と国家に最も忠義・忠誠を尽したこの国宝ともいうべき人物をあろうことか賊として殺してしまった当時の政府の過失を、結局自己の責任とされ二度と過ちを繰返すまいとして反省と修養につとめられた。それが乃木と東郷への絶対的な信任となった。ことに乃木は山県参謀総長が不可としたのにもかかわらず、それを認められなかった。

日露戦争凱旋
「凱旋観艦式」東城鉦太郎画　中央が明治天皇、右隣が東郷平八郎（明治神宮外苑・聖徳記念絵画館蔵）

戦争において何より重大なことは結局、上に立つ「人」の問題である。軍の最高指揮官、高級指揮官に誰を選ぶかが勝敗の分れ道となる。数字で表すことのできる国力、軍事力、経済力の優劣が勝敗の決定的要素ではなく、最も重要な要因は数量化できない無形の精神的要素であり、つまり指導者の善し悪しである。

日露戦争中の陸海軍の最高級指揮官の人選はほとんど申し分なく、中でも乃木第三軍司令官と東郷連合艦隊司令長官はこれ以外にあり得ぬ人事であった。明治天皇の偉大さは臣下の有能な人材を見抜く上に、実に神のごとき目を有しておられたことである。国家の最高指導者に求められる能力の最たるものの一つはこれである。この一点のみをとっても明治天皇は真に偉大であり、欧米人が崩御後、天皇を「大帝」と称賛したのも無理はなかった。乃木と東郷が近代日本の国民的英雄の双璧（輝く二つの玉）として、世界一の陸将・海将として内外から仰ぎ見られたことは全日本国民の誇りであり悦びであったが、二人がかくのごとき殊勲を上げることができたのは、ひとえに明治天皇の限りなきご信任の賜であったのである。結局、明治天皇なくして日露戦争の勝利はあり得なかったのである。

3、教育勅語——日本人の生き方の根本

欧化主義の全盛と鹿鳴館——明治前期の教育の混迷

日露戦争の勝因の一つとしてあげられるものが、わが国民性、民度（国民の精神・生活・文明の程度）、教育度である。両国の兵士の人間としての中身、内実を比べて見ると断然日本が優っていた。人格、道徳性、読み書き等の学問知識その他の能力において、体の大きさを除き日本兵はロシア兵と比較にならず世界一優秀であった。この様な立派な国民と兵士を育て上げる上に根底、基礎となったも

のこそ、明治天皇が明治二十三年に出された教育勅語である。どうして教育勅語が出されなくてはならなかったのか。わが国は西洋文明を手本としてその制度、科学技術、近代的産業、軍事、学問、思想について全力で学んだ。「文明開化」が合言葉となった。その結果、何事も西洋文明がすぐれているという欧米崇拝の風潮が急激に広がり、全ての点において欧米を見習いそのまねをする「欧化主義」が世を覆う有様となっていった。食べ物も着物も住居も、法律も宗教もみな西洋風にして、国語さえ英語にすべしという意見まで出てきた。また日本人は西洋人と結婚して人種を改良すべきだという極端な人もいた。

このような「文明開化」「欧化主義」は明治十年代に強まり、十年代後半には極点に達した。明治十六年にできた洋館「鹿鳴館」はその象徴である。鹿鳴館では政府首脳が先頭に立って駐日公使やお雇い外国人夫妻らを招き、夜会、舞踏会などを盛んに行った。当時の中心的な指導者は明治十八年、わが国初の内閣総理大臣となる伊藤博文と外務大臣の井上馨であり、この二人が欧化政策を推進していた。伊藤首相は明治二十年、首相官邸で仮装舞踏会を行い、大臣、大官らが様々に仮装し踊り回った。このように政府首脳が西洋文明一辺倒の欧化政策に立ち、品位も誇りも忘れて派手な夜会や舞踏会を催し続けたのだから、それまでの良風美俗をそこなうことはなはだしく、社会が思想的道徳的混乱を深めて行ったのは当然である。伊藤や井上がこうした目的の一つは、幕末に結ばれた欧米諸国との不平等な修好通商条約を一日も早く改正するために、日本は決して未開の野蛮国ではないということを欧米に知ってもらうためであったが、極端に走りすぎ道を誤ったのである。

この政府の狂態ともいうべき姿と当時の日本社会の思想的道徳的混乱に誰よりも心を痛められたのが明治天皇である。天皇は鹿鳴館や首相官邸で行われる夜会や舞踏会を「亡国の遊び」とまで言われて嘆かれた。このような有様であったから、政府の国民教育に対する根本的方針が立つはずもなく、学校における倫理道徳教育は明治前半期なきに等しく、それまでの忠孝、仁義を主とする修身道徳は隅に追いやられ、軽視され罵倒さえされて、学校教育は根本が定まらず動揺し混迷状態が約二十年間も続いたのである。昭和二十年大東亜戦争に敗れてから現在までの七十数年間と実によく似ている。

天皇の憂慮――忠孝・仁義の道徳を教えなかった学校教育

明治天皇はいち早く国民の道徳、国民教育につき深く心を注がれた。各地への行幸の際、最も注意されたのがその地の教育の実情の観察であった。天皇は小学校、中学校その他の学校に行かれ授業内容を聴取され、生徒の作文や図画までご覧になった。

その結果、天皇が痛感されたことは、当時の学校教育の最大の欠陥として、百科の基本である道徳の学がおろそかにされているということであった。当時は一にも二にも西洋流の知識中心の教育が行われ、わが国伝統の倫理道徳の根幹である忠と孝、仁(仁愛・思いやり)と義(道義)についてほとんど何も教えられていなかったのである。このような教育が続くならば、健全な国民精神が破壊されてしまうと憂慮された天皇は明治十二年、政府の中心にいた参議兼内務卿(後の内務大臣）の伊藤博文に意見を求めた。

しかし伊藤は教育の根本は「忠孝と仁義」にありとされる天皇のお考えに同意せずに、「工芸技術百科の学」を広める従来の明治政府が取ってきた教育方針が基本的に誤りなきものであるとの返答をした。依然として西洋文明の科学技術を重視する知識教育を柱とする学校教育を改めようとはしなかった。このような考えに立つ伊藤だから、その後ますます急進的な欧化政策をとり、鹿鳴館の舞踏会に熱中したのである。明治の元勲（最も功績の高い人物）として代表的政治家でありすぐれた手腕の持主であった伊藤だが、国民教育に対する見識はこの時はなはだ低かったのである。

明治天皇は西洋文明を頭から嫌悪し否定されたのではない。長所は長所として認め必要なことは積極的に取り入れられた。断髪もされ公式には常に洋服を着用された。頑迷固陋（頑固で物の道理に暗いこと）さは少しもないことは次の御製に明らかである。

よきをとり　あしきをすてて　外国に
　おとらぬ国と　なすよしもがな
※なすよしもがな＝ぜひそうしたいものだ

「知識を世界に求め」てわが短所を補うことは五箇条の御誓文の一精神である。しかし明治天皇はあくまでわが国体ならびに歴史伝統文化と良き慣習や民俗の尊重と護持の上に立って、広く世界の長所を取りいれようとされたのであり、それは伊藤や井上らが推進した欧化政策とは大きく異なるものであった。天皇のご心憂は欧化政策が頂点に達したころいよいよ深まった。明治十九年、東京帝国大学に行幸されたが、その感想を侍講の元田永孚にのべられている。

要点は、東京帝国大学は西洋直輸入の物理、化学、工学、生物学、医学、法学等の学科は盛んだが、最も大切で中心となるべき忠孝・仁義の修身の学科があるかないかわからないほど軽視されていること。わが国の古典を学ぶ古典講習科が置かれていると聞くがそれを見ることはできなかった。大学のこうした現状を見るなら、将来わが国を担うべき政治指導者は決して大学から得ることは出来ない。大学が現状のまま続くならば、国家の将来を託すことのできる「真成の人物（真に立派な人格と才幹を備えた人物）を育成するは決して得がたきなり」従って忠孝・仁義の伝統的学問を授ける学科をしっかり設置して、国家を立派に治める人材の育成に尽力すべきである。

　まことに大切なご指摘であった。天皇のご憂慮は的はずれではなかった。大学の状態はその後ほとんど変らず、明治天皇が願われるような体制にはならず今日に至っている。明治時代の政治と軍事の指導者の全ては武士道の教育で鍛え上げられていたから、おおむねみな剛毅不屈の大和魂と土性骨（力強い根性と気骨）を持っていた。それゆえにこそ偉大なる明治の躍進をもたらすことができた。しかし明治の精神が段々弱まって行った大正後半より昭和期にかけての国家指導層は、天皇が心配されたこの時代以降の東京帝大出身者である。この中から優秀な役人、官僚が出たにせよ、明治維新時や日清・日露戦争時には確かに存在した国家の運命を託するに足る「真成の人物」は、残念ながらほとんど生まれなかったのである。

教育勅語の発布

欧化政策により国民の道徳と思想が混迷し、学校の道徳教育が重大な問題となったのが明治二十年前後である。明治天皇はもうこれ以上放置できず明治二十三年、山県有朋内閣の文部大臣榎本武揚に対して、

「教育に関し徳育（道徳教育）の基礎となる箴言（いましめとなる短い言葉）を編纂し、日夕児童をして読誦（口に出して詠むこと）せしめることにせよ」

と命ぜられた。天皇は十数年間待たれた。しかし政府は一向に動こうとはしなかったから、ついに異例の行動に出られたのである。普段、天皇は政治上の問題につき、一々政府に口をはさみ直接命令を下すことはされない。国家の重要問題につきこのように指導性を発揮されたのは、よくよくのことであったのである。

それが明治二十三年十月三十日、明治天皇の御名により直接国民に下された

「教育勅語」である。勅語の起草者は和漢洋の学問に明るく、前年の大日本帝国憲法制定において最も尽力した井上毅である。井上は内閣法制局長官の要職にあったが、当時最も学問見識の深い人物であった。井上は侍講として天皇の国民教育に対する深いお心を誰よりも知る元田永孚の助言と協力を得て、天皇自ら国民に示されるお言葉・勅語として、天皇の大御心が誤りなく正しく立派に表現されることに心血を注いだ。教育勅語（正式には「教育に関する勅語」）は次の通りである。

朕惟ふに、我が皇祖皇宗、国を肇むること宏遠に、徳を樹つること深厚なり。我が臣民、克く忠に克く孝に、億兆心を一にして世々厥の美を済せるは、此れ我が国体の精華にして、教育の淵源亦実に此処に存す。爾臣民、父母に孝に、兄弟に友に、夫婦相和し、朋友相信じ、恭倹己れを持し、博愛衆に及ぼし、学を修め、業を習ひ、以て知能を啓発し、徳器を成就し、進んで公益を広め、世務を開き、常に国憲を重じ国法に遵ひ、一旦緩急あれば義勇公に奉じ、以て天壌無窮の皇運を扶翼すべし。是の如きは独り朕が忠良の臣民たるのみならず、又以て爾祖先の遺風を顕彰するに足らん。

斯の道は実に我が皇祖皇宗の遺訓にして、子孫臣民の倶に遵守すべき所、之を古今に通じて謬らず、之を中外に施して悖らず、朕爾臣民と倶に拳々服膺して、咸其徳を一にせんことを庶願ふ。

※原文の片仮名は平かなに直し、句読点をほどこした。

現代の言葉に直すとこうである。

私が思うには、皇祖である天照大御神を始めとするご先祖の神々達、皇宗である初代神武天皇を始めとする歴代の天皇方が、わが日本の国を建て初められ、万世一系の伝統を有するわが国を、長年月にわたってかくも立派に治めて護持されてこられたご偉業はまことに宏大、悠遠であり、国民を「大御宝」として慈みその幸福をひたすら願い、「国安かれ、民安かれ」の祭祀に務めてこられたご恩徳は実に深く厚いものがあります。これこそわが国の尊厳なる国柄、国体にほかなりません。

それゆえにこそ代々の国民は天皇と国家に心からの忠義のまことを捧げ、国民はそうした祖先と親に孝行を尽し、国民すべてが心を一にしてわが国の類いなき美風を作り上げてきたのであります。これこそ我が国体の最もすぐれた美しいところであり、国民の教育はこの国体の精華（光輝く美しくすぐれた姿）の上に基づけられるべきであります。（ここまでが第一段）

国民のみなさん（「汝臣民」と親しく呼びかけられた）、両親を敬愛して孝養をつくし、兄弟姉妹は仲良くし、夫婦は心を合わせ仲睦まじくし、友人とは信義をもって交り、さらに自己においては謙虚に身を慎み修養を積み重ね、他に対しては深く思いやり、厚い仁愛の心をおし広めようではありませんか。

また学問を修め、種々の仕事、技術などを習得し、知識を深め才能をひらき導き、人格を磨き立派な人間、日本人となって、進んで世のため人のためになることを行い、公共の利益を増進し、常に国家秩序の根本である憲法と法律を尊重・遵守して、国家の一大事、危機・国難にあたっては、道義心と勇気を奮い起して公のために身を捧げて行動し、天地とともに永遠である天皇国日本を守り支えてゆこうではありませんか。このように実践することは、忠実で善良な国民であるということだけではなく、それは皆さんの祖先が昔から守り伝えてきた立派な伝統、精神、美風を受け継ぎ今の世に明らかにあらわすことにもなります。（第二段）

ここに示された道はまことにわが皇室のご先祖、歴代天皇方が実践し継承されてきた尊いお訓しであり、私たち子孫、国民がともに固く守るべきものであります。これは昔も今も変ることのないあやまりなきものであり、国の内外、洋の東西を問わずどこにでも立派に通用する普遍（世界のすべてにゆきわたること）の道でもあります。私はみなさんとともに祖先の伝えたこの道を畏み慎んで大切に守り、君民が心をひとつにしてふみ行い、徳高き道義国家を築き上げることを切に願っております。（第三段）

教育の目的――自国の歴史・伝統に誇りを持つ国民を作ること

教育勅語は第一段で、教育の目的を明らかにしている。最初にわが国の国柄、国体をのべている。日本は建国以来、天皇を国家の中心に戴き、初代神武天皇から一二六代今上天皇まで同じ血統が変ることなく続いてきた「万世一系」の天皇を仰ぐ世界に全く比類なき伝統を持つ国家である。

わが国はいかにして初まったか。それは実に悠遠の歴史であり、皇祖である天照大御神の神勅(天照大御神のみことのり・お言葉)によって始められたというのが、日本民族の確信であった。神勅の中心となるものはこれである。

「豊葦原千五百秋之瑞穂国は是れ吾が子孫の王たる可き地なり。宜しく爾皇孫就きて治せ。行くませ(幸くませ)。天祚の隆えまさむこと、当に天壌と窮り無かるべし」(『日本書紀』)

日本（豊葦原千五百秋之瑞穂国）は天照大御神の子孫が天皇として知ろしめ治める国であり、天皇（宝祚＝天津日嗣）は天壌（天地）と共に永遠に隆えて行く、いつまでも幸福であれという意味である。この神勅に基づき子孫である神武天皇が九州日向（宮崎）より東征されて、大和橿原の地にて即位され、以後一二六代、皇位は一系の血統により断絶なく継承され今日に至っている。『日本書紀』によれば今年（令和二年）が紀元二六八〇年である。この世界の歴史に比類を絶した天皇国日本の国体・伝統の重みを知らなければならない。はるか遠い神代・神話の時代に源を発するのが日本の天皇であり、皇国日本であり、他の歴史の浅い王国とはとうてい比較の段ではないのである。

どうして天皇は断絶することなく続いてきたのであろうか。吉田松陰（『日本の偉人物語2』）のところで記したが簡潔にのべるなら、歴代天皇が皇祖皇宗の神勅、遺訓を忠実に守り抜き誠の心をもって国家の永遠の隆昌、国民の幸福を祈る「国安かれ民安かれ」の祭祀を絶えることなく実践され、幾千年間高大な徳を積み重ねてこられたからである。

それゆえにこそ日本国民は常に天皇を仰ぎ戴き、天皇、朝廷に変ることのない忠誠を捧げてきたのである。それは代々の国民がその父母に孝行を尽す道と少しも矛盾なく一致した。吉田松陰がのべたように日本においては、「君臣一体、忠孝一致」であった。こうして天皇は真に国民をわが子として「大御宝」として大切にいつくしみ、国民は天皇を君とし親とも思い仰慕尊崇し、両者が誠を尽し心を寄せ合い力を合わせ一つに結び合って、この国を護り抜き国体を堅持し世界に類例のない麗しく立派な歴史・伝統を継承してきたのである。この日本国体の尊厳に対する確固とした自覚と誇りをしっかりと受け継がせることが、国民教育の根本であると明治天皇は始めにのべられたのである。

つまり自国の歴史伝統を深く理解し、先祖を尊敬し自国を愛し自国に誇りを抱く立派な日本国民を生み育てることが、教育の最大目的である。国民の教育とはただ知能を開くことではない。またただ倫理、道徳を教えることだけではない。国家民族に無関係で歴史伝統に無縁で無国籍な「個人」をつくることではない。そのような人間はどこにもいない。みな独自、固有の歴史性、民族性、伝統をその遺伝子に刻印された人間である。戦後数十年間のわが国学校教育の最大のあやまり、欠陥は、国家、民族、歴史、伝統から切り離され断絶されたこの世にありえない「個人」を作ろうとしたところにある。

真の日本人の生き方を示す国民道徳

教育の目的を明示したあと、次に日本人が人間として踏み行い守るべき国民道徳が具体的に説かれている。まず道徳の根本である父母への孝、兄弟姉妹における親愛、夫婦における和親、朋友における信義の道である。次いで各人の修養と国民としての務めがのべられている。結局、それらは「一旦緩急あれば義勇公に奉じ、以て天壌無窮の皇運(天皇国日本の弥栄)を扶翼(たすける)」すべき日本人としての忠義・忠誠の道である。日本人としての倫理道徳・学問・修養・実践は、世界に比類なき国体、歴史、伝統を数千年にわたり護り抜いてきた皇国日本への忠の道に帰結する。

二段目の最後は、この日本人としての道を踏み行うことは、忠誠にして善良なる国民であるあかしであるばかりではなく、同時に祖先がこれまで守り伝えてきた伝統、美風を明らかにする「孝」の道でもあるという意味である。わが国においてはこのように、「忠」と「孝」の道が一つであったのである。日本人としての道、国民道徳が過不足なく簡潔明瞭に教え諭されている。

そうして終段に、日本人が古来より受け継いできたこの道は、とりもなおさず皇祖皇宗、歴代の天皇が実践し継承されてきた最も大切な伝統、精神、教訓であり、それは今後も天皇ご自身と日本国民が永久に尊重し遵い守るべき道徳であり、過去現在未来一貫して少しも誤りなく、世界中に行き渡らせても決して道理にそむくことはないと断じ、明治天皇は慎み畏み国民とともに心をひとつにして、この祖先が子孫に遺した道を正しく踏み行うことにつとめ、ともに立派な日本人、人間になろうと心から訴えられ念願されたのである。

教育勅語は天皇が国民に対して、上から下へ一方的にかくせよと命令されたものではない。天皇が「爾臣民」と親しく呼びかけられ、国民と一体となってこの祖先伝来の日本人の道を実践しようとされたところに素晴らしさがある。国家の最高位にある天皇がこの道の実践者として国民の先頭に立つという姿勢が勅語を貫いている。

教育勅語は単なる一片の机上の作文ではなく、日本の国体、歴史伝統、日本人の信仰・生き方・国民的信念そのものを力強くのべたものである。だからこそ国民の心に強く訴え支持され、その後の国民教育、学校教育の基礎となりえたのである。明治日本における格調高く凛然（りりしく引きしまり威厳に満ちていること）とした最高の文章こそ教育勅語であった。

明治二十三年以後、教育勅語は学校教育の根幹にすえられ、これに基づいて道徳教育、修身教育が行われ、明治前半期の道徳的思想的混乱にようやく歯止めがかけられた。国民は小学校に入って教育勅語を教えられたから、年少時に日本国民として確固不動の信念が植えつけられた。明治後半期から昭和期前半まで立派な日本国民を生み出す礎となった教育勅語の果した役割の大きさは計り知れない。大学教育は先にのべた通り問題が多く根本的欠陥は改まることはなかったが、小学校における教育勅語による基礎教育がその欠陥を補う役目を果した。日清・日露戦争及び大東亜戦争において忠勇無双の働きをした兵士の大半は小学校卒業の学歴の人々であったのである。教育勅語は近代日本躍進の原動力であったのである。明治天皇四十六年間のご治政において特筆大書されるべき一つが、教育勅語の制定であったのである。

　しかし現在、教育勅語は学校で教えられていない。それはなぜか。大東亜戦争後、わが国は約七年間アメリカの占領統治を受けた。アメリカは日本人が二度

明治天皇を御祭神とする明治神宮

初詣で賑わう明治神宮

と立ち上がれないようにすることに全力を尽し、日本を徹底的に弱体化し、日本人の大和魂を骨抜きにするために数々の非道なことを行い、昭和二十三年、教育勅語を廃止させたのである。その結果、学校において正しいまともな道徳教育が行われなくなり今日に至った。それが現在のいじめやひきこもりなどの人心と社会の荒廃をもたらした要因である。道徳教育なしに立派な人間、日本人は生まれ育ちようはない。教育勅語はどこにも間違いはなく日本人の生き方をさし示す根本の教えだから、たとえ学校で教えられなくても私たち日本人は誰でも学んで実践しなければならない。教育勅語を捨て去ることは、大切な宝物をどぶに投げ捨てるようなものである。中高生の皆さん、どうか教育勅語を覚えてこれに基づき立派な日本人を目指してほしい。これが明治天皇の物語を綴る私の願いである。

4、「国安かれ民安かれ」の祭祀と言の葉のまことの道

清き明き直き誠の心・大和魂

明治天皇のお心、お気持ちが最もよくあらわされているのが御製（天皇の詠まれた和歌）である。生涯九万三千首もの和歌を詠まれた天皇はわが国最大の歌人、古今無比の歌聖であった。代表的な御製を掲げよう。

さしのぼる　朝日(あさひ)のごとく　さはやかに
　もたまほしきは　こころなりけり

あさみどり　澄(す)みわたりたる　大空(おほ(お)ぞら)の
　広(ひろ)きをおのが　こころともがな

※がな＝ぜひそうしたいものだ

目に見えぬ　神にむかひて　はぢざるは
　ひとの心の　まことなりけり

目に見えぬ　神のこころに　かよふこそ
　人の心の　まことなりけり

天地(あめつち)に　かくれぬものは　現身(うつしみ)の
　人のこころの　まことなりけり

いかならむ　時(とき)にあふとも　人はみな
　まことの道を　ふめとをしえよ

言(こと)の葉(は)に　あまる誠(まこと)は　おのづから
　人のおもわに　あらはれにけり

※おもわ＝表情

鬼神(おにがみ)も　哭(な)かするものは　世(よ)の中(なか)の
　人(ひと)のこころの　まことなりけり

※鬼神＝死者の霊魂

いかならむ　事にあひても　たわまぬは
　わがしきしまの　大和魂
※たわまぬ＝曲がらないこと。弱らないこと。　しきしま＝大和にかかる枕詞。

しきしまの　大和心の　をゝしさは
　ことある時ぞ　あらはれにける

国といふ　国のかがみと　なるばかり
　みがけますらを　大和魂
※ますらを＝男子のことだが、ここではすべての日本人を意味している

ますらをの　こころのおくの　花ざくら
　やしまの外に　かをれぞと思ふ
※やしま＝八洲、大八洲、日本

ますらをの　心に似たり　いささかも
　まがるふしなき　窓のくれ竹

始めの三首は最も良く知られている。明治天皇にとり和歌を詠まれることは、まことの道の修業そのものであった。至誠、真心、正直、嘘偽りなき飾りなき清き明き直き誠の心、朝日のごとき心、澄みわたった大空のような心、大和魂、これらこそ古来、日本人が最も大切にしてきたものである。天皇は何よりこのまことの道つまり神の道を畏み、これを守り踏み行われるとともに常にご自身を深く省みられたのである。

敬神崇祖の祭祀・「国安かれ民安かれ」の祈り

天皇の任務において最も重要なものは、皇祖皇宗、天地の神々への祭祀である。明治天皇は深厚なる敬神崇祖(神を敬い祖先を崇拝すること)のまことをもって祭祀（さいし）に務められた。

とこしへに　民（たみ）やすかれと　いのるなる
　わが世（よ）をまもれ　伊勢（いせ）のおほかみ
※伊勢のおほかみ＝天照大御神（あまてらすおおみかみ）

神風（かみかぜ）の　伊勢（いせ）の宮居（みやゐ（い））を　をがみての
　後（あと）こそきかめ　朝（あさ）まつりごと
※神風の＝伊勢にかかる枕詞。　朝まつりごと＝政治・政務。

はるかにも　あふがぬ日なし　わが国（くに）の
　しづめとたてる　伊勢のかみ垣（がき）
※しづめ＝しずめ守ること。鎮護（ちんご）。　伊勢のかみ垣＝伊勢神宮。

天てらす　神の御光　ありてこそ
　わが日の本は　くもらざりけれ

天てらす　神のみいつを　仰ぐかな
　ひらけゆく世に　あふにつけても

※みいつ＝神・天皇のご威徳・ご霊徳・ご威光

ひさかたの　あめにのぼれる　ここちして
　五十鈴の宮に　まゐるけふかな

※ひさかた＝天にかかる枕詞。　五十鈴の宮＝伊勢神宮。　けふ＝今日。

上つ代の　御代のおきてを　たがへじと
　おもふぞおのが　ねがひなりける

つくづくと　思ふにつけて　尊(た(と)うと)きは
　とほつみおやの　御稜威(みいつ)なりけり
※御稜威＝神・天皇のご威徳・ご霊徳・ご威光

とこしへに　国まもります　天地(あめつち)の
　神のまつりを　おろそかにすな

わが国は　神のすゑなり　神まつる
　昔の手ぶり　わするなよゆめ
※神のすゑ＝天皇は天照大御神(あまてらすおおみかみ)の子孫であること。手ぶり＝祭祀・ならわし。
　ゆめ＝決して。

おごそかに　たもたざらめや　神代(かみよ)より
　うけつぎきたる　うらやすのくに

※うらやすの国＝浦安の国。心安らかな国。日本。「うら」とは心のこと。

神（かみ）がきに　朝（あさ）まゐりして　いのるかな
　国と民との　やすからむ世（よ）を

くもりなき　朝日のはたに　あまてらす
　神のみいつを　あふげ国民（くにたみ）

※朝日のはたに＝国旗、日の丸

橿原（かしはら）の　宮（みや）のおきてに　もとづきて
　わが日（ひ）の本（もと）の　国をたもたむ

※橿原の宮のおきて＝神武天皇の建国のみことのり

橿原の　とほつみおやの　宮柱
たてそめしより　国は動かじ

※神武天皇が大和橿原にて建国されて以来、日本は万世一系の天皇が断絶なく続いてきたこと

世の中を　おもふたびにも　おもふかな
わがあやまちの　ありやいかにと

民のため　心のやすむ　時ぞなき
身は九重の　内にありとも

※九重＝皇居

国民の　うへやすかれと　おもふのみ
わが世にたえぬ　思なりけり

暁（あかつき）の　ねざめのとこに　おもふこと
　国（くに）と民（たみ）との　うへのみにして

国民（くにたみ）の　うへやすかれと　とこしへに
　いのるこころは　神ぞうくらむ

千万（ちよろづ（ず））の　民（たみ）の心を　をさむるも
　いつくしみこそ　もとゐなりけれ
※もとゐ＝基（もと）、根本。　いつくしみ＝慈愛・思いやり。

よもの海　みなはらからと　思ふ世に
　など波風（なみかぜ）の　たちさわぐらむ

明治天皇はこのように「国安かれ民安かれ」の無私の祈りに生涯明け暮れされたのである。わが国が世界に比類を見ない国体を今日まで存続させた根本の理由は、皇室の祭祀、天皇の祈りにあったのである。

古今の忠臣・靖国の英霊への至情

明治天皇はわが国史上の忠臣、義士に対して深い敬慕の情を捧げられたが、中でも最も厚い崇敬の誠を尽されたのは、先に楠木正成、後に西郷隆盛である。楠木正成について詠まれたみ歌が次の二首である。

子わかれの　松のしづくに　袖ぬれて
　昔をしのぶ　さくらゐの里

※袖ぬれて＝涙を流すこと

あだ波を　ふせぎし人は　みなと川
　神となりてぞ　世を守るらむ
　　※あだ波＝後醍醐天皇に反逆した足利高氏

ともに古今の絶唱（非常にすぐれた名歌）である。明治天皇は楠木正成とその子正行の桜井の別れに深く涙されたのである。正成が足利高氏と戦って最期を遂げた神戸の湊川に、湊川神社が建立されたのは明治五年だが、それは明治天皇の深い思召しによるものである。天皇は慶応四年（この年の九月改元して明治元年）三月、詔を出されその中で楠木正成の忠節（忠誠と節操）につき、「その功烈（大きな功績）万世に輝き、真に千歳の一人（千年に一人出る偉人）、臣子の亀鑑（最高の忠臣の手本）」としてその不滅の大功を讃えられ、神として祭ることを命ぜられたのである。

もう一人、明治天皇がその死に涙を流されたのが西郷隆盛であった。西南戦争直後、天皇は皇后や女官たちに「西郷隆盛」という題を与えて歌を詠ませたが、その時こう言われた。

「西郷の罪過をそしらないで詠ぜよ。ただ今日の暴挙のみを論ずるときには、維新の大功を覆うことになるから注意せよ」

国賊として討たれた西郷に対して天皇は和歌をもって哀悼されたのである。まわりの人々に歌を作らせたぐらいだから、必ず天皇も詠まれたに相違ないが、国賊とされた西郷について歌を詠むことは憚りがあるので公式には伝えられていない。しかし『日本の偉人物語3』でのべたように、天皇は西郷に対する切々たる思いをうたっておられる。再び掲げよう。

思ふこと　なるにつけても　しのぶかな
　もとゐ定めし　人のいさをを

※もとゐ＝明治日本の基礎。明治維新

明治四十三年の御製である。明治維新の大業を定めた第一人者は西郷である。

その他の者は大久保利通、木戸孝允にせよ三条実美、岩倉具視にせよ西郷とは比べられない。「もとゐ定めし人」とは西郷にほかならない。ほかにも次のみ歌がある。

国を思ふ　臣のまことは　言のはの
　うへにあふれて　きこえけるかな

今も世に　あらばと思ふ　人をしも
　この暁の　夢に見しかな

すべて日露戦争から最晩年にかけての御製である。この民族の一大国難時並びにその後、もっとも慕わしく思い出される人物、夢にまで見る人として西郷以上の者はない。臣下では楠木正成と西郷隆盛、大楠公と大西郷こそ明治天皇の心にすまう日本国史の双璧(二つの光り輝く玉)であった。西郷以後の人物では乃木希典(すけ)である。

もののふの　せめたたかひし　田原坂(たばるざか)
　まつも老木(おいき)と　なりにけるかな

いさをある　人を　教(を(お)しへ(え))　の　おやにして
　おほしたてなむ　やまとなでしこ

※おほしたてなむ＝いつくしみ育て上げてほしい。　やまとなでしこ＝三人の皇孫を始め学習院の児童生徒。

乃木については既にのべた(『日本の偉人物語4』)。

人間と自然の一体・生きとし生けるものへの共感(きょうかん)

明治天皇(めいじてんのう)は自然の万物、生きとし生けるものに対して限りない共感・一体感を寄せられ数々の名歌を残された。

まさかりの　梅のはやしに　さす月の
　かげさへかをる　春のゆふぐれ
　※まさかり＝真盛り(まっさか)

ふりつもる　梢(こずゑ(え))の雪を　はらはせて
　今朝(けさ)こそ見つれ　梅のはつ花

たかどのの　窓てふ窓を　あけさせて
四方（よも）の桜の　さかりをぞみる
※たかどの＝皇居、宮殿

あかずして　くれゆく春は　あひおもふ
友にわかるる　ここちこそすれ

年々（としどし）に　おもひやれども　山水（やまみづ(ず)）を
汲（く）みて遊ばむ　夏なかりけり

さまざまの　虫のこゑにも　しられけり
いきとしいける　もののおもひは

ともしびを　まがきにかけて　まれびとに
　夜(よる)もみせけり　菊のさかりを

※まがき＝籬、柴や竹で作った垣根。　まれびと＝客人。

たれもみな　たちいでて見よ　さしのぼる
　朝日(あさひ)をうけし　みねのもみぢ葉(ば)

けさみれば　神のみまへの　榊葉(さかきば)に
　かかりてけりな　雪のしらゆふ

※しらゆふ＝白い木綿(もめん)。神事(しんじ)・祭りに使う。

たかどのに　のぼりて見れば　白雪(しらゆき)の
　光まばゆき　富士の遠山(とほ(お)やま)

久しくも　わがかふ馬の　老いゆくが
　をしきは人に　かはらざりけり

いただきに　朝日をうけて　ひさかたの
　くもゐはるかに　鶴なき渡る

※くもゐ＝雲が横たわること

天地自然の万物について詠まれたみ歌もしみじみとした情感に満ちあふれている。明治天皇は天成の詩人であった。

父君孝明天皇への敬慕

明治天皇が父君孝明天皇をいかに敬慕されたかは、やはり御製に明らかに示されている。

たらちねの　親につかへて　まめなるが
　人のまことの　始なりけり
※たらちね＝親にかかる枕詞。　まめ＝誠実。

たらちねの　おやのをしへの　言の葉は
　身ををふるまで　わすれざらなむ
※をふる＝生涯を閉じる

たらちねの　親のみまへに　ありとみし
　夢のをしくも　覚めにけるかな

おもはずも　そでぬらしけり　たらちねの
　みおやの御代の　ものがたりして

たらちねの　みおやのましし　故郷（ふるさと）の
都（みやこ）はことに　こひしかりけり

※ましし＝おいでになった

ふるさとの　のきばにいでて　たたずめば
昔こひしき　松風（まつかぜ）ぞ吹く

わたどのの　下（した）ゆく水の　音（おと）きくも
こよひひと夜（よ）と　なりにけるかな

※わたどの＝渡り廊下

明治天皇（めいじてんのう）が父君孝明天皇（ちちぎみこうめいてんのう）をいかに敬慕（けいぼ）し、ともに京都の御所（ごしょ）にあった昔の日々をいかになつかしく恋（こ）い慕（した）われたかが思いやられる。天皇は五歳の時から父君の導きにより和歌を詠みはじめられた。毎日歌題を五ついただき、五首の歌をつくられ、父君のお直しを受けた。この七首は日露戦争から最晩年にかけてのものだが、明治天皇は年経るごとに幼少時親しく和歌の道の手ほどきをしていただいた孝明天皇への敬慕の情をいよいよ深くされたのである。また故郷京都を常に思われてやまなかった。最後の二首は久しぶりに京都に行かれてしばらく滞在された折のものである。

言の葉のまことの道――生涯のご修業

明治天皇生涯のご修業が和歌を詠むこと、つまり「言の葉のまことの道」であった。和歌を詠むことはまた「敷島の道」（日本の道）ともいわれた。

ことのはの　まことの道を　月花の
　もてあそびとは　おもはざらなむ

いとまあらば　ふみわけて見よ　ちはやぶる
神代(かみよ)ながらの　敷島(しきしま)の道(みち)

※ちはやぶる＝神にかかる枕詞

世(よ)の中(なか)に　ことあるときは　みな人(ひと)は
まことの歌を　よみいでにけり

ことのはの　道のおくまで　ふみわけむ
政(まつりごと)きく　いとまいとまに

まつりごと　いとまなき世(よ)も　ふみわけて
みるがたのしき　言(こと)の葉(は)の道(みち)

ひとりつむ　言の葉ぐさの　なかりせば
　なにに心を　なぐさめてまし
※なぐさめてまし＝なぐさめることができようか

まごころを　うたひあげたる　言の葉は
　ひとたびきけば　わすれざりけり

さまざまの　世のたのしみも　言の葉の
　道の上には　たつものぞなき

かぐはしき　人のこころも　言の葉の
　花によりてぞ　世ににほひける

千早ぶる　神のひらきし　敷島の
　　道はさかえむ　万代までも

九万三千首のうち七千五百余首という最多のみ歌を詠まれたのが、日露戦争開始の明治三十七年である。日本民族の一大国難の時にこれほど多くの御製を作られたことこそ、天皇にとり和歌とは何であったかを物語っている。それは「月花のもてあそび」ではなく、「まことの道」の修業そのものであったのである。

天地も　うごかすばかり　言の葉の
　　まことの道を　きはめてしがな

※天地もうごかすことができるという言の葉のまことの道を何としてもきわめたいものである。明治三十七年作。

この一首に和歌に対する明治天皇の思いのすべてがこめられている。この物語において九十五首の名歌を掲げたが、まことに天皇は古今に類いなき歌聖であった。明治天皇の御製は教育勅語とともに後世の日本国民に贈られた最も尊い宝物の一つである。

国民すべての親として

明治天皇は教育勅語に示された通り、国民の先頭に立たれて日本人の道を実践され、「恭倹己を持」す模範となられた。

皇居は明治六年に炎上、灰燼（全焼すること）に帰した。天皇は赤坂を仮皇居とされたが、手狭で粗末であった。太政大臣の三条実美らは一日も早く新御殿の造営を願ったが、天皇はあくまで国民のことを先としてすぐには許されず、十六年間仮皇居ですごされた。

明治二十二年、大日本帝国憲法が制定された年、新宮殿が成った。宮殿は表と奥よりなる。表は正殿、豊明殿、表御座所など、奥は御常御殿で毎日の起居の場所である。御常御殿は純和風の畳敷で建物は宏壮だが特別の装飾はなく質素な造りである。表の正殿、豊明殿などは電燈が使われ公式の儀式、謁見、宴会等では煌々とシャンデリアが輝いたが、表御座所（天皇陛下が公的な事務をお執りになる所）では蝋燭であった。天皇が日常使われる所は昔の不便不自由の時代を忘れない為と、経費節約のため質素倹約が守られたのである。暖房も同様である。正殿や豊明殿ではスチームが設けられていたが、表御座所と御常御殿は昔のまま火鉢が使われた。炎暑の時も氷柱とか扇風機の使用はたえてなかった。

天皇は建物、諸道具はじめ一切のものを決して粗末にされず大切にされ、何でも出来るだけ長く使われた。紙類は裏返しにしてみ歌やその他のことを書きとめられた。廃物利用に徹せられた。衣服もそうである。着られるだけ長く着られた。下着はメリヤス（綿布、毛糸などを機械編みにしたもの）であった。そのころメリヤスよりもっとよい駱駝の毛で作った温く軽い着心地のよい品が多くの人々に使われていたが、最後までメリヤスを使い通された。

食事も人々が想像するような豪華なものではなく、ふだんはいたって質素な和食である。陸軍大演習を統監されるときの弁当は握り飯で、野外で冷えた弁当を食べられた。

この通り勤倹質素の生活に終始して、できるだけ節約され内廷費の支出を切り詰められて、そこから国家社会のため国民の慶福・救助のためお手許金をどしどし差し出されたのである。既述した通り明治二十六年より六年間、内廷費の約一割を軍艦建造費として下賜された。

天皇は御巡幸や陸軍大演習等の公式の外出以外皇居を出られることはめったになく、景勝の地に遊覧されたり、避寒避暑の転地をなされたことがほとんどなかった。避暑というべき転地は明治六年八月、皇后とともに箱根に行かれたことが一回のみである。そのほか明治十年代に四回ほど東京近辺を遊楽され、鮎漁をご覧になったりしたのみである。明治十七年から四十五年までただの一回も遊楽はなかった。全く「恭倹己を持」すの克己勉励のご一生であったのである。

次の逸話には深く心が打たれるものがある。天皇の内親王（ご息女）は四方あるが、内親王はしかるべき人物を教育主任として育て上げられた。週一回は両陛下にご機嫌伺いに参内した。そのとき皇后は必ずお会いになり懇ろに接せられるが、天皇はめったに会われなかった。養育主任の一人である子爵野村靖は一時、「聖上(天皇)は親の愛情をお持ちにならんのではないか」とさえ思った。しかし無論そうではなかった。

明治四十一年、常宮昌子内親王が竹田宮恒久王に嫁せられた。ご婚儀の数日前、昌子内親王はお暇乞いの挨拶のため宮中に伺った。皇后は内親王の美しく晴れやかな姿を見て悦ばれかつ感嘆、その姿をぜひご覧に入れたいと思ったが、前もってご対面を願うとそれに及ばずと言われるに違いないので無断で内親王を御座所の中にそっと入れた。

そのとき天皇は書類を見ておられたが、突然誰かが入ってきたので振り向かれると内親王が立っておられる。しかし何年も会っていないのでそれがわが子であることがわからない。不審の面持ちでいると、内親王は「私は昌子でございます」と申上げた。

天皇はようやくわが子であることがわかると、それまで抑えに抑えていた親としての愛情が堰を切ったごとくほとばしり出た。天皇はまわりに誰もいないことを確かめられると、内親王を膝元にお招きになり愛情の溢れる温顔で種々お言葉を賜り、そばの戸棚から宝石をちりばめた指輪などを取り出して下された。この有様を外から隙見していた女官らは嬉しさのあまりに声を忍んで泣いた。

　これまでのべてきたように明治天皇はきわめて情愛の深い方である。しかし日本国民すべての親たる自覚に立たれるがゆえに、わが子にのみ愛情が傾くことを恐れて、わが子への愛に溺れては相すまぬとあえてご対面を避けご自分の感情を抑制されたのである。天皇は全国民の親たる天職を全うされんがため、そこまで私情を犠牲にされたのである。乃木希典が二人の息子を死なせ旅順と奉天で死闘の限りを尽し遂に日露戦争の勝利を導く不滅の大功を樹てた時、誰よりも乃木に同情したのは明治天皇であった。日本国民はこのような明治天皇を君とし親とし師として仰ぎ奉り、生ける神として戴くことを悦びとしたのである。

天下無二・世界唯一の奇蹟

明治四十五年七月三十日、明治天皇は御年六十一歳、満五十九歳にて崩御遊ばされた。全国民の悲痛、哀悼の情は筆舌に尽しがたい。明治天皇のご存在は当時の日本国民にとって全ての全てであった。明治天皇あっての日本であり日本国民であった。明治天皇がおわしませばこそわが国は明治維新を成就し独立国家として新生することができ、日清・日露戦争に勝利しえ、不平等条約を改正して世界的強国となりえ欧米中心の近代世界史を大きく転換しえた。全日本人が一丸となって団結しうる国家国民統合の中心・核心として明治天皇が存在したことのこの上ない重大な意義を国民は理屈抜きに理解していた。日本国民は明治天皇をまさに生神と仰いだ。明治天皇はその生涯を神と国と民に捧げられたのである。明治天皇は真に偉大であった。

明治天皇の崩御に対して世界は深い弔意を表明し、日本を一大飛躍させた四十六年間の治政に称賛を惜しまなかった。その一つ。

「僅々二十五年間の間に東亜の野蛮未開国より欧式の強国に進化し、すべての点において世界最大の文明強国と同等同様に遇せられるに至りしことは、真に天下無二、世界唯一の奇蹟である。……しかるに欧米人はナポレオンよりもウィルヘルム一世よりも偉大な帝国創設者を知らない。実際、明治天皇はナポレオン、ウィルヘルム一世よりも偉大なお方である。なぜなら天皇の事業を子細に（詳しく）調べるならば、前記二帝の事業よりもなお驚くべきまたなお一層永続すべき性質を有していると思われるからである」

　近代において国家を興隆させた帝王、大統領であるヴィクトリア女王、ナポレオン、ウィルヘルム一世、ピョートル大帝、ワシントンと比べた時、明治天皇の統治と事業は彼らを凌駕（他人より抜き出ること）するとともに、人物・人格においては比較しようのない高貴さを有した帝王であったことは疑いようがない。人種偏見の激しい時代であったのにもかかわらず、欧米人は歴史の真実を否定できず明治天皇に対して「大帝」とまで讃えざるを得なかったのである。

明治天皇は「億兆安撫の宸翰」（157頁参照）に示された決意のもとに、国民の先頭に立ち凄絶（きわめてすさまじいこと）としか言いようのない克己勉励の精進努力を生涯積み重ねて、「真に天下無二・世界唯一の奇蹟」を実現されたのである。

参考文献

『明治天皇紀』全十二巻　吉川弘文館　昭和43～50年
『類纂新輯明治天皇御集』　明治神宮　平成2年
『明治天皇御製謹話』　千葉胤明　大日本雄弁会講談社　昭和13年
『明治大帝』　長谷川卓郎　大日本雄弁会講談社　昭和2年
『教育勅語を仰ぐ』　皇學館大学出版部　昭和43年
『教育勅語の真実』　伊藤哲夫　致知出版社　平成23年
『明治憲法の真実』　伊藤哲夫　致知出版社　平成25年
『明治天皇』上巻・下巻　渡辺幾治郎　宗高書房　昭和33年
『明治天皇の御聖徳』　水島荘介編　皇徳奉賛会本部　昭和10年
『明治天皇』　木村毅　文藝春秋　昭和42年
『広島大本営の明治天皇』　木村毅　雪華社　昭和41年
『明治天皇の御日常』　日野西資博　新学社　昭和51年
『人間明治天皇』　栗原広太　駿河台書房　昭和28年

『明治の御宇』　栗原広太　四季書房　昭和16年
『明治天皇さま』　明治神宮　平成10年
『宮中五十年』　坊城俊民　講談社学術文庫　平成30年
『女官』　山川三千子　講談社学術文庫　平成28年
『明治天皇の哲学』　田中巳之助　天業民報社　昭和４年
『明治大帝』　飛鳥井雅道　筑摩書房　平成元年
『明治天皇』　笠原英彦　中公新書　平成18年
『天皇親政』　笠原英彦　中公新書　平成７年
『明治天皇』　伊藤之雄　ミネルヴァ書房　平成18年
『幕末の天皇・明治天皇』　佐々木克　講談社学術文庫　平成17年
『明治の御代』　勝岡寛次　明成社　平成24年
『元田永孚文書』　全三巻　元田文書研究会　昭和45年
ほか

日本の偉人物語　5

中江藤樹　高杉晋作　明治天皇

初版発行　令和２年５月１日

著　　者　岡田幹彦
発 行 者　白水春人
発 行 所　株式会社 光明思想社
〒103-0004　東京都中央区東日本橋 2-27-9　初音森ビル 10 F
TEL 03-5829-6581
FAX 03-5829-6582
URL http://komyoushisousha.co.jp/
郵便振替 00120-6-503028
装　　幀　久保和正
本文組版　メディア・コパン
印刷・製本　中央精版印刷株式会社

ISBN978-4-86700-003-8